D1659363

Klaus Tschira Stiftung (Hg.)
Bettina Deutsch-Dabernig
Nikola Köhler-Kroath

# SCHLAU BAUEN

Mit Fotografien von Carolin Wanitzek
und Illustrationen von Tina Defaux

Umschau

Das Haus der Astronomie in Heidelberg

Die Natur als Vorbild

Wusstet ihr, dass es nicht nur im Weltall Galaxien gibt, sondern auch eine auf der Erde? In Heidelberg steht das Haus der Astronomie. Von oben betrachtet sieht es aus wie eine „Whirlpool-Galaxie". Ihre Form erinnert an den Wirbel, der entsteht, wenn ihr das Wasser aus der Badewanne ablasst. Das Gebäude ließ die Klaus Tschira Stiftung bauen. Ihr Stifter, Klaus Tschira, hat sich sehr für Natur und moderne Architektur interessiert. Das sieht man auch an einem anderen Haus, das nach dem Vorbild der Biologie und seiner Idee entstand. Hier wurde der wesentliche Teil unserer Körperzellen, die schraubenförmige Erbsubstanz DNA, zum Vorbild gewählt.

Klaus Tschira wollte Gebäude bauen, denen man bereits von außen ansieht, was im Inneren gemacht wird. Er saß selbst an seinem Schreibtisch und hat Skizzen von einzigartigen Gebäuden entworfen. Zusammen mit einem Architekten konnte er seine Pläne auch in die Tat umsetzen.

Oft dient die Natur als Vorbild für das Design und die Struktur von Gebäuden. Dadurch ist auch die Idee für dieses Buch entstanden. Wie inspiriert die Natur den Menschen? Und was kann der Mensch von ihr lernen? Aber auch welche physikalischen Gesetze müssen beim Bau beachtet werden?

Architektur und Bauen bedeutet kreativ zu sein, selbst etwas auszuprobieren, Neues herauszufinden und auf spielerische Art und Weise Naturwissenschaften, Mathematik und Physik kennenzulernen. Diesen Ansatz verfolgt auch die Klaus Tschira Stiftung mit ihrer Arbeit.

Ich hoffe, ihr findet die Ideen zum Nachbauen in diesem Buch genauso toll wie ich. Probiert sie einfach mal aus.

Beate Spiegel
Geschäftsführerin Klaus Tschira Stiftung

# WEGWEISER

## MIT SACK UND PACK

Mit dem eigenen Haus unterwegs _____ ab Seite 10

Sachwissen rund um das Thema Haus
**Mitmachprojekt: Bau dein eigenes Tipi**

## 2 ZIMMER, KÜCHE, BAD

ab Seite 22 _____ Was passt eigentlich alles in ein Haus?

Sachwissen rund um das Thema Grundriss
**Mitmachprojekt: Bau dir Möbel für dein Zimmer**

## WER IST AUF DEM HOLZWEG?

Holz, das älteste Baumaterial der Welt _____ ab Seite 38

Sachwissen rund um das Thema Holz
**Mitmachprojekt: Bau die Leonardo-Brücke**

# HAST DU DAMIT GERECHNET?

Geometrische Formen passen immer

ab Seite 54

Sachwissen rund um das Thema Geometrie

**Mitmachprojekte: Bau dir geometrische Regale**

**Falte dir einen Geldbeutel**

**Bastel dir ein Mobile**

# WER HAT DEN BOGEN RAUS?

Die Kuppel ist ein besonderes Dach

ab Seite 74

Sachwissen rund um das Thema Kuppel

**Mitmachprojekt: Bau dir eine Kuppel**

# EINE MACHT NOCH KEINEN SOMMER – Natürlich mit Lehm gebaut

ab Seite 86

Sachwissen rund um das Thema Mauer

**Mitmachprojekt: Stelle eigene Lehmziegel her**

## WER HAT EIN PRIMA KLIMA?

ab Seite 96

Wie viel Energie braucht ein Haus?

Sachwissen rund um das Thema Klima

**Mitmachprojekt: Bau dir einen Ventilator**

## SPINNST DU?

Was Seile alles aushalten ——————— ab Seite 110

Sachwissen rund um das Thema Seile

**Mitmachprojekt: Lerne Knoten**

**Knüpf dir eine Hängematte**

Sachwissen rund um das Thema Höhe

**Mitmachprojekt: Marshmallow-Turm**

**Bastel dir ein Katapult-Spiel**

**Bau deinen eigenen Flaschenzug**

## WER WILL HOCH HINAUS?

ab Seite 126 ——————————— Wir kratzen an den Wolken

## WER MACHT HIER DIE WELLE?

Weshalb schwimmt ein Schiff auf dem Wasser? ———

ab Seite 142

Sachwissen rund um das Thema Volumen, Dichte und Auftrieb

**Mitmachprojekt: Bau dir ein cooles Boot**

# EINFACH MAL ABHÄNGEN
## Warum fällt das Haus nicht runter?   ab Seite 154

Sachwissen rund um das Thema Gleichgewicht
**Mitmachprojekt: Bau dir ein Baumhaus**

# DIE MACHT ES SICH LEICHT
ab Seite 176
## Die Welt von Licht und Schatten

Sachwissen rund um das Thema Licht
**Mitmachprojekt: Steige durch eine Postkarte**
**Bau dir einen Paravent**

# WER IST DER TOLLSTE?
## Alles nur Fassade!   ab Seite 188

Sachwissen rund um das Thema Fassade
**Mitmachprojekt: Motz deine Möbel auf**

# ...WAS DU NICHT SIEHST
## Beeindruckend unauffällig!

Sachwissen rund um das Thema integriertes Bauen
ab Seite 200
**Mitmachprojekt: Bau dir ein Vogelhäuschen**

# UNSERE WELT
## ist eine riesige Baustelle!

Sicher hast du schon einmal das Wort Architektur gehört. Klingt ein bisschen kompliziert und kommt, wie übrigens viele Wörter, aus der lateinischen Sprache, die von den Römern in der Antike gesprochen wurde. Ins Deutsche übersetzt heißt Architektur so viel wie Baukunst und bezeichnet all das, was die Menschen aus Materialien wie zum Beispiel Holz, Lehm und Steinen gestalten, konstruieren und natürlich bauen. Das können Häuser, Hütten, Iglus, Türme und Wolkenkratzer sein, aber auch Schiffe, Zelte und Bücherregale: einfach alles, was entsteht, wenn man Materialien mauert, klebt, nagelt, zusammensteckt, auftürmt oder irgendwie miteinander verbindet. Architektur ist also vielfältig und damit ist die Welt eine riesige Baustelle.

Viele architektonische Ideen, die hinter den Bauwerken der Menschen stehen, kommen aus der Natur. Tiere bauen sich Höhlen oder Nester, Sträucher wachsen in die Breite und Bäume in den Himmel. Und damit diese nicht bei jedem Windstoß oder Sturm abbrechen und umfallen, hat die Natur ausgefuchste Methoden und Tricks entwickelt, die man unter dem Fachbegriff Statik zusammenfasst.

Du kannst das sehr gut beobachten, wenn du beim nächsten starken Wind aus deinem Fenster schaust und siehst, wie sich die Bäume im Wind hin und her wiegen. Was in der Natur funktioniert, nutzen die Menschen seit allen Zeiten für ihre Konstruktionen. Denk an ein Flugzeug, dessen Flügel sich extrem nach unten oder oben biegen können, um den starken Luftwiderstand abzufedern und das Flugzeug in der Luft zu halten. Auch der über 300 Meter hohe Eiffelturm in Paris kann dem Wind standhalten, weil er in seiner Spitze beweglich ist. Bis zu 18 Zentimeter bewegt sich der Turm bei starkem Wind nach links oder rechts, und das, obwohl er ganz aus Eisen gebaut ist. Natürlich spielt auch beim Hausbau die Statik eine wichtige Rolle. Die Last des Daches muss gleichmäßig auf die Mauern verteilt werden, damit das Haus nicht zusammenbricht. Du siehst, die Architekten müssen schlau bauen, damit ihre Konstruktionen über viele Jahre, manchmal sogar über Jahrhunderte und Jahrtausende halten. Ein richtig tolle Sache, der du in diesem Buch auf die Spur kommen kannst.

Hier findest Du nicht nur Tipps und Tricks für dein persönliches Bauwerk, sondern erfährst jede Menge interessante und erstaunliche Dinge, wie Natur und Tiere unsere Architektur beeinflussen.

Gäääähn! Der Igel und das Murmeltier halten Winterschlaf. Die Haselmaus auch. Sie haben dichte Stacheln oder ein wärmendes Fell, da wird das bestimmt nicht zu ungemütlich. Aber kannst du dir vorstellen, dass Weinbergschnecken auch Winterschlaf halten? Dazu versiegeln sie die Öffnung ihres Schneckenhauses mit kalkhaltigem Schleim, der hart wird und so wie eine Tür das Häuschen verschließt. So verbringt die Schnecke die kalte Jahreszeit in Winterstarre.

Wenn du eine Weinbergschnecke findest, betrachte sie von oben: Befindet sich der Eingang in das Schneckenhaus rechts und windet sich das Gehäuse nach links, also gegen den Uhrzeigersinn? Dann hast du eine typische Form des Weinbergschneckenhauses gefunden. Etwas ganz Besonderes hast du entdeckt, wenn die Windung nach rechts, also mit dem Uhrzeigersinn, verläuft: Ein solches Haus hat der sogenannten Schneckenkönig! Nur eine von circa 20.000 Weinbergschnecken trägt ein Haus, das nach rechts gewunden ist.

Die Schnecke trägt ihr Haus stets mit sich –
es schützt sie vor Feinden und Austrocknung.
Bei Gefahr zieht sie sich mit Hilfe eines Muskels
blitzschnell in ihr Haus zurück.
Bereits wenn eine junge Schnecke
aus dem Ei schlüpft, trägt sie ein kleines
Schneckenhäuschen auf dem Rücken.
Das Häuschen wird aus Kalk gebildet,
den die Schnecke über eine Drüse abgibt.

Unser Haus können wir Menschen nicht auf unserem Rücken tragen.
Aber es gibt mobile Häuser, die sich schnell an einen anderen Ort bringen lassen.
Für den Transport werden die einzelnen Räume auf LKWs geschnallt und los geht's.
Später werden die Räume wieder zu einem Haus zusammengesetzt.

# HÄUSER SCHÜTZEN DIE MENSCHEN, DIE DARIN LEBEN ODER ARBEITEN.

Sie halten Regen, Kälte und Sonne ab. Außerdem können wir Dinge, die wir benötigen und die uns gehören, darin aufbewahren.

## EIN HAUS BESTEHT AUS

einem **Dach**, das von oben schützt

**Wänden**, die von den Seiten schützen und das Dach stützen

==wichtig sind aber auch die Öffnungen des Hauses==

→ die **Tür**, um das Haus zu betreten und zu verlassen
→ die **Fenster**, damit Licht in das Haus kommt und wir hinausschauen können
→ einen **Schornstein**, damit der Qualm unserer Heizung abziehen kann

Außerdem gibt uns ein Haus auch eine **Adresse**.
Wir können anderen Menschen sagen, wo sie uns finden und wo wir wohnen.
Oder wohin sie ein Paket an uns senden können.

Es gibt auch Wohnungen, die lassen sich bewegen. Dinge, die sich bewegen lassen, nennen wir MOBIL.

## WOHNMOBIL

Mit Wohnmobilen kann man den Ort wechseln und hat dabei aber alles bei sich, was man braucht.

## CONTAINER

Es gibt auch Wohnungen, die nicht für immer an einem Ort stehen sollen, sondern nur vorübergehend. Zum Beispiel als Unterkunft für Arbeiter an einer großen Baustelle oder als Notunterkünfte für Flüchtlinge. Diese Container lassen sich schnell aufstellen und schnell wieder abbauen.

## TIPI

Als die Indianer in den Steppen Nordamerikas noch von der Bisonjagd lebten, sind sie mit allem, was sie besaßen, immer dorthin gezogen, wo sie mit großen Herden der Büffel rechnen konnten. Ihre mobilen Häuser hießen Tipis. Tipis haben fast alles, was ein Haus braucht: ein Dach, Wände, einen Eingang und einen Schornstein. Sie lassen sich nur nicht abschließen, aber dafür kann ja immer jemand Wache halten ...

Bau mit Freunden dein eigenes Tipi ...

## Du brauchst:

Tücher, Stoff oder Bettlaken

Schere

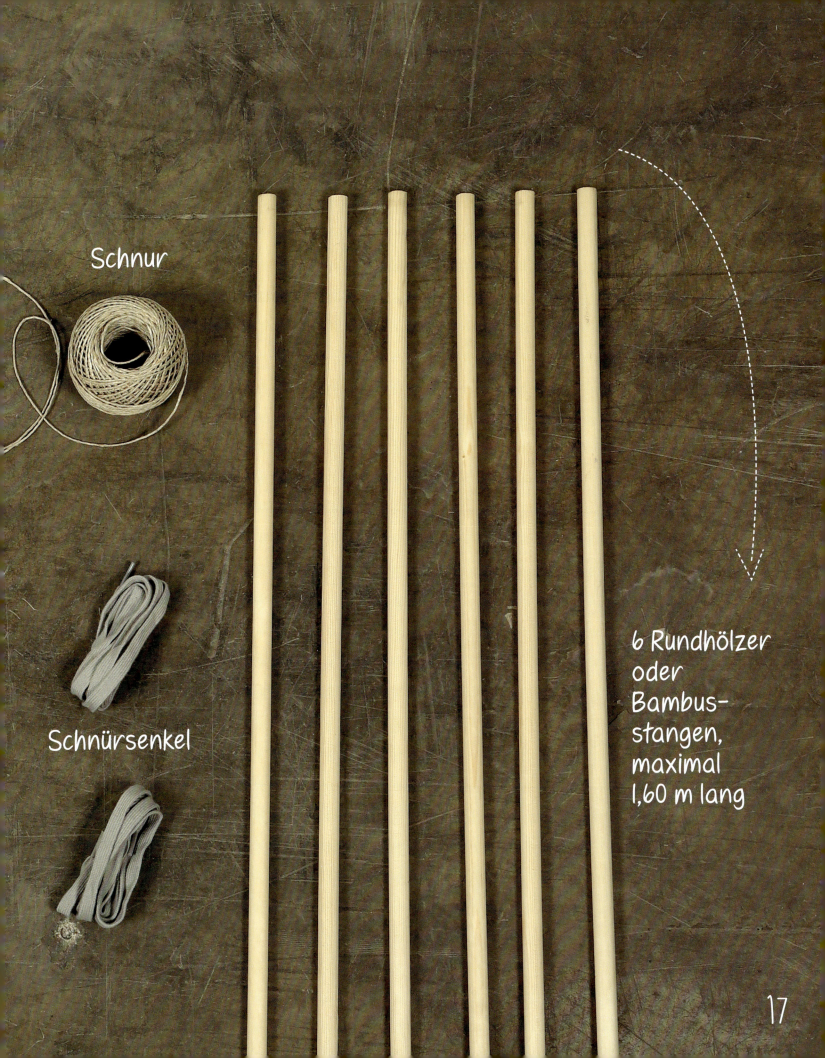

Nimm 3 Stangen, stelle sie im Dreieck auf und binde sie mit einer Schnur zusammen. Die restlichen 3 Stangen stellst du in einem zweiten Dreieck (siehe Kreuzchen) dazu. Binde sie ebenfalls fest.

Verbinde die Stangen am unteren Ende straff mit einer Schnur.

Lege Stoff um das Tipi. Ist der Stoff zu schwer, schneide ihn ein und hänge ihn über die Enden der Stangen.

Mit einem zweiten Stück Stoff deckst du die offene Seite deines Tipis zu.

Binde den Stoff mit einem Schnürsenkel fest.

Schneide die Schnur im Eingangsbereich durch und binde die Enden an den Stangen rechts und links fest.

FERTIG!

# 2 ZIMMER, KÜCHE, BAD

Wenn du die Finger an deiner linken Hand zählst, wirst du wahrscheinlich auf fünf Finger kommen. Rechts genauso. Dazu noch fünf linke und fünf rechte Zehen. Reicht dir, was du an Händen und Füßen hast, für den Alltag? Zum Hüpfen, Klettern, Essen und Schreiben? Wahrscheinlich schon. Wenn du aber versuchen würdest, einen Tunnel zu graben, durch den du selbst durchpasst, könnte es schwierig werden. Du bräuchtest einen Spaten oder eine Schaufel.

Wie macht das der Maulwurf, der im Garten die Erde umgräbt? Maulwürfe leben, wie du weißt, unter der Erde, und heben dort lange Tunnel und Höhlen aus. Ganze 7 Meter pro Stunde kommen sie dabei voran, ganz ohne Schaufel. Die haben sie nämlich schon am Körper: Ihre Hände heißen Schaufeln, und weil sie sich an ihren Lebensraum angepasst haben, haben sie einen Finger mehr! Das ist aber nicht nur irgendein weiterer Finger, sondern ein zweiter Daumen. Gerade so, als wüchse dir neben deinem Daumen noch einmal ein zweiter. Der Maulwurfdaumen ist geformt wie ein flaches Schaufelblatt, deshalb kann er so flink Gänge ins Erdreich graben. Übrigens soll es auch Menschen mit sechstem Finger gegeben haben, Englands Königin Anne Boleyn zum Beispiel. Die war aber sicher zu fein, um in der Erde herumzuwühlen.

Der Maulwurf baut sich in seine Behausung unter der Erde verschiedene Höhlen: eine Wohnhöhle, eine Nesthöhle und für den Winter eine Vorratskammer. Eine richtig kleine Wohnung – mit vielen Ausgängen und Fluchtwegen.

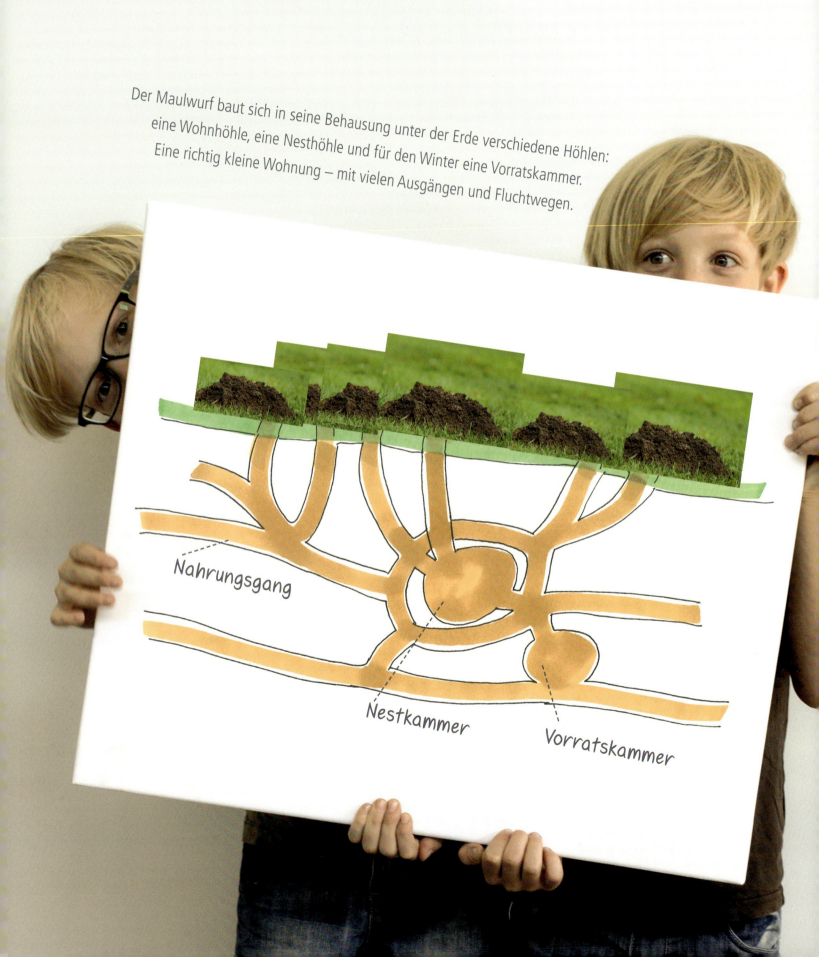

In unseren Wohnungen kennen wir auch verschiedene Räume. Sie müssen nicht immer getrennt sein. Oft sind Küche und das Zimmer zum Essen ein Raum, manchmal ist das Wohnzimmer auch der Raum, in dem jemand schläft. Selten jedoch schlafen wir in der Küche oder im Badezimmer.

# WIE WIRD EIGENTLICH EIN HAUS ODER EINE WOHNUNG GEPLANT?

Du hast bestimmt schon einige Häuser und Wohnungen von innen gesehen.
Werden neue Wohnräume gebaut, machen Architekten einen Plan.

==Vorher stellen sie sich einige Fragen:==

Wie viele Personen sollen in der Wohnung wohnen?
Wie viele Räume sollen entstehen?
Wie werden die einzelnen Räume genutzt?

Wie viel Platz und wie viele Räume jeder von uns zum Wohlfühlen benötigt, ist unterschiedlich.
Manche wünschen sich große Räume, andere fühlen sich in kleinen Wohnungen oder Häusern wohler.

Es gibt sogar Gesetze, die regeln, wie viel Wohnraum jedem Menschen zustehen. Für Mietwohnungen in
Deutschland sind das mindestens 9 m² pro Erwachsenem und mindestens 6 m² pro Kind.
In einer typischen Wohnung gibt es eine Küche, einen Platz zum Essen,
ein Wohnzimmer, Schlafzimmer und ein Bad.

## Grundriss

Der Plan, den der Architekt macht, ist kein Bild von der Wohnung,
sondern ein Grundriss. Im Grundriss sieht man eine Wohnung,
wie sie ein Vogel von oben sehen könnte, wenn sie kein Dach hätte.
Man erkennt, wie die Räume eingerichtet werden können und ob alles gut passt.

## Maßstab

Der Grundriss zeigt die Wohnung verkleinert,
aber nicht „so ungefähr" verkleinert,
sondern maßstabsgetreu.

Der Maßstab zeigt dir mit Hilfe von Zahlen,
wie groß die tatsächliche Wohnung im Vergleich zum Plan ist.

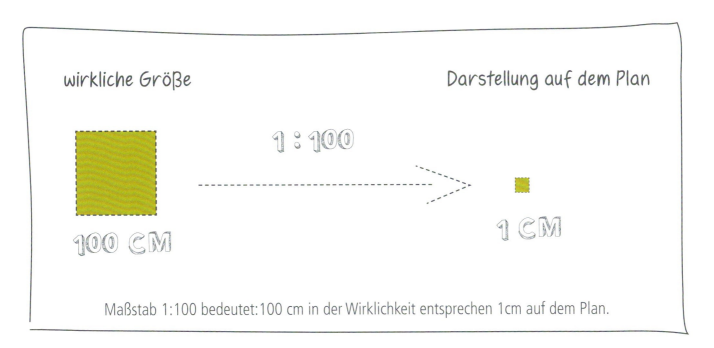

Maßstab 1:100 bedeutet: 100 cm in der Wirklichkeit entsprechen 1 cm auf dem Plan.

==Ist dein Bett 2 m lang, dann misst es auf dem Plan 2 cm.==

# DEIN ZIMMER IM GRUNDRISS

## Willst du vielleicht dein Zimmer ein bisschen umstellen?

Dann kannst du zuerst dein Zimmer und dann deine Möbel mit einem Zollstock ausmessen
und maßstabsgetreue kleine Modelle davon zeichnen und aussschneiden.
So kannst du auf dem Millimeterpapier
auf der nächsten Seite ausprobieren, wie die Möbel in dein Zimmer passen.

## Symbole

Für die Einrichtungsgegenstände gibt es typische Symbole. Wir zeigen dir hier einige davon.
Außerdem kannst du Wände, Türöffnungen und Fenster erkennen.

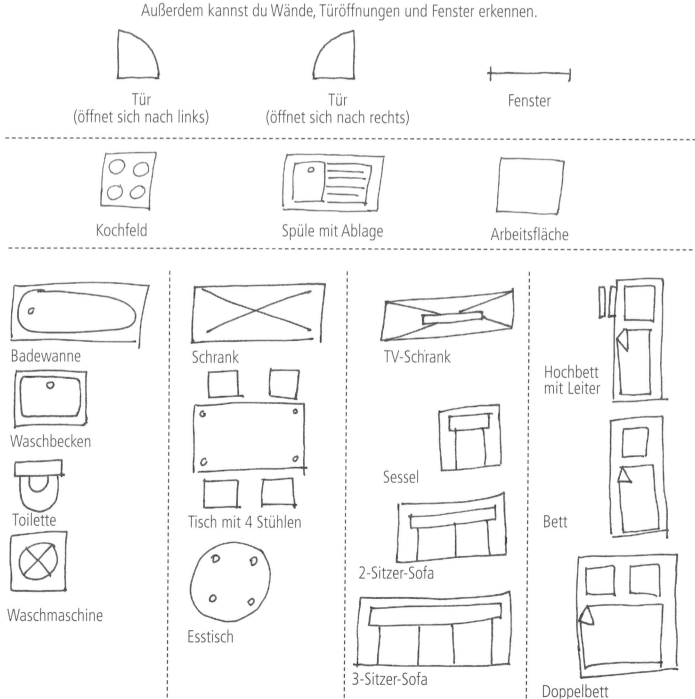

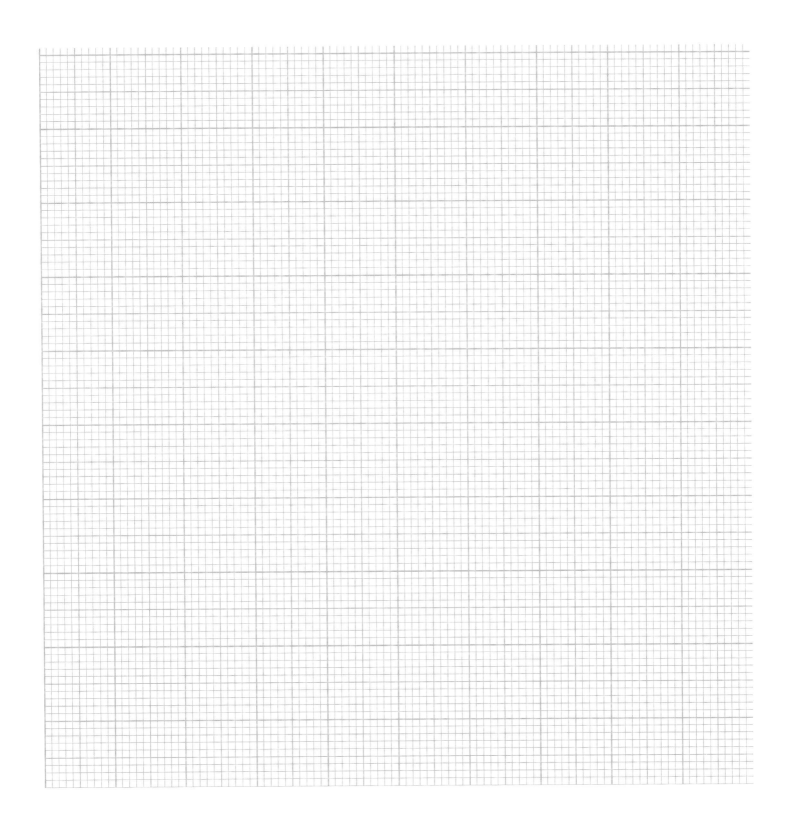

Du hast Platz für neue Möbel? Dann bau dir doch einfach welche.
Wie? Das siehst du auf den nächsten Seiten.

Bau mit Freunden dein eigenes Sofa, einen Hocker und einen Tisch

# Du brauchst:

19 PET-Flaschen, mit Leitungswasser gefüllt

25 große Bücher, die du oder deine Eltern schon gelesen haben

einige Holzpaletten

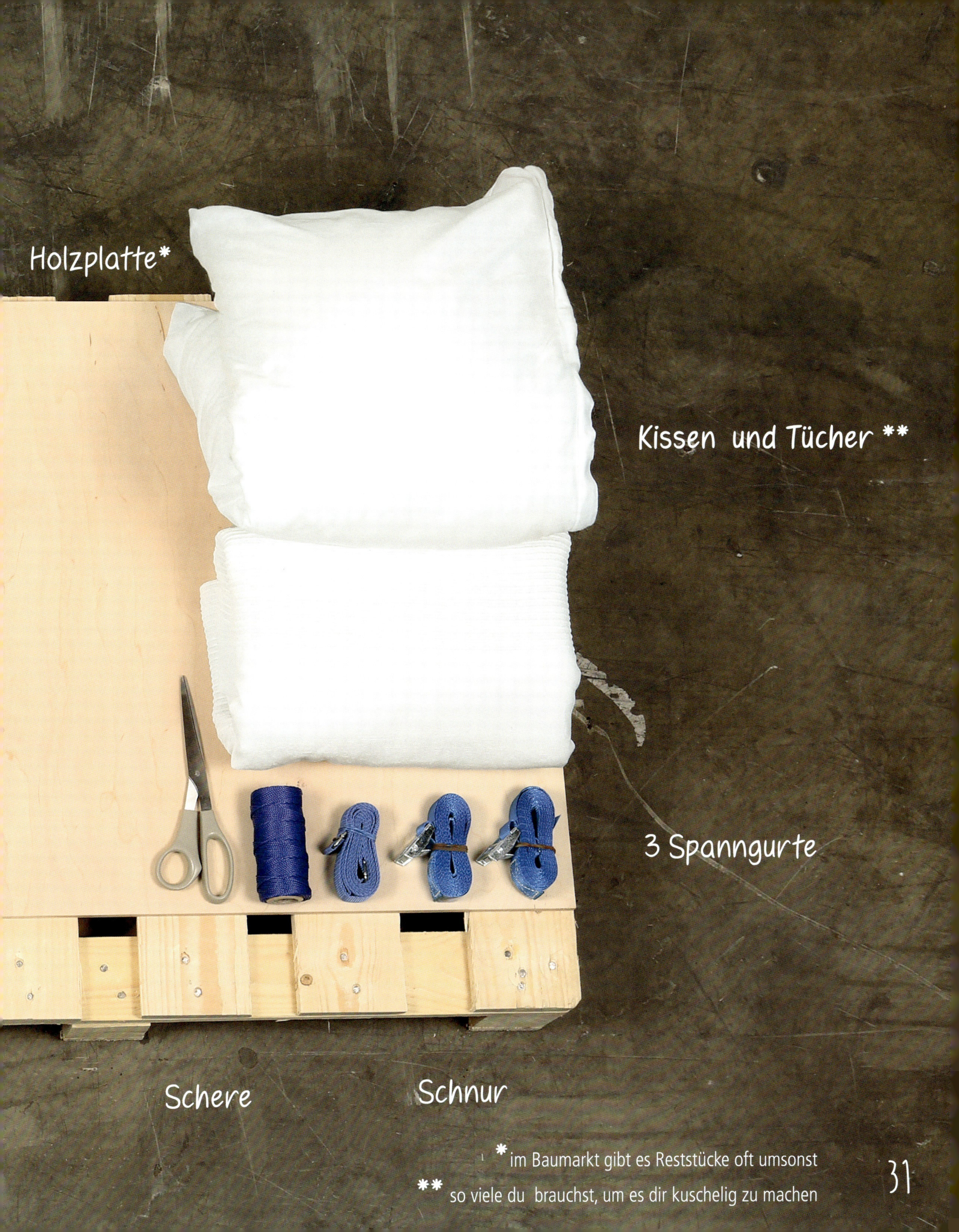

Holzplatte*

Kissen und Tücher **

3 Spanngurte

Schere   Schnur

\* im Baumarkt gibt es Reststücke oft umsonst
\*\* so viele du brauchst, um es dir kuschelig zu machen

① Lege 2 Spanngurte mit 10–15 cm Abstand parallel auf den Boden.

② Staple die Bücher auf die Spanngurte.

③ Leg ein Kissen obenauf und ziehe die Spanngurte um Bücher und Kissen sehr fest.

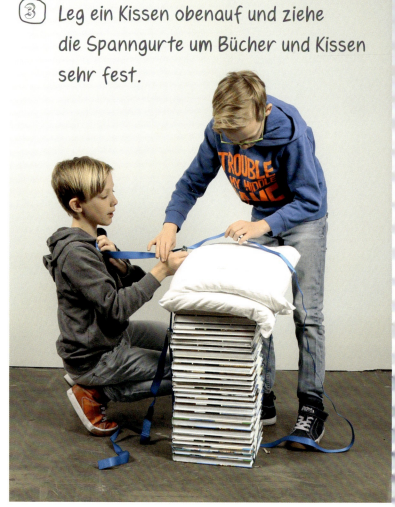

① Stelle 6 Flaschen dicht im Kreis um eine Flasche.

② Die übrigen 12 Flaschen bilden einen weiteren Kreis um den ersten.

③ Ziehe einen Spanngurt fest um den Flaschenkreis.

④ Lege die Holzplatte auf die Flaschen.

**FERTIG IST DER TISCH.**

① Stelle die Paletten, je nachdem, wie viele du hast, zu einem Sessel oder Sofa auf.

② Binde die Paletten mit Schnüren fest zusammen.

Entweder du legst Kissen
ordentlich auf dein Sofa
oder du erkämpfst dir damit den

# BESTEN PLATZ.

Biber sind von Natur aus wahre Architektur-Experten und wissen genau, wo jedes noch so kleine Hölzchen hin muss, damit ihre Bauwerke auch richtig schön stabil sind.

Für Architektur hat sich auch Leonardo da Vinci, der berühmte italienische Maler, interessiert. Sein berühmtes Gemälde „Mona Lisa" hast du bestimmt schon einmal gesehen!

# AUF DEM WEG?

Aber Leonardo da Vinci hat sich neben der Malerei auch viel mit Technik und Architektur beschäftigt. Er hat Entwürfe für Brücken und andere Bauwerke angefertigt.

Nach einem solchen Entwurf von da Vinci nennt man eine Brücke aus Holz, für die man keine einzige Schraube, keine Nägel oder ein Seil braucht, und die trotzdem hält: eine „Leonardo-Brücke".

Der Biber baut sich seine Behausung im Wasser. Aus Holzstämmen,
Erde und vielen Ästen errichtet er sich eine richtige „Biberburg", und das ganz ohne Werkzeug.
Sogar Bäume kann der Biber dafür fällen und zerlegen.
Dazu braucht er nicht mehr als seine scharfen Zähne.

Menschen bauen gerne mit Holz. Dies ist ein Konzerthaus in der norwegischen Stadt Kristiansand. Das Dach hat die Form der Wellen und wirft die Geräusche des Wassers zurück. Holz hat eine sehr gute Akustik. Genau das Richtige für ein Haus, in dem musiziert wird.

# GANZ SCHÖN ALT
## Holz gehört zu den ältesten Baumaterialien.

Mit Holz wurden Hütten, Häuser, Brücken, Burgen und Schiffe gebaut.
Wenn eine Stadt genügend Holz in der Umgebung zur Verfügung hatte,
war dies ein großer Vorteil.

Holz war ein Grund, warum die Stadt Venedig
so reich und mächtig geworden ist.
Sie ist auf Holzpfählen in der Lagune errichtet und
mit Holz wurde die große venezianische Flotte
gebaut, die ausgezogen ist, um die Welt zu erobern.

### Hast du auch schon Häuser aus Holz gesehen?
Das größte Gebäude aus Holz ist der Tōdai-ji Tempel in Nara, Japan.
Es ist vor 1.270 Jahren entstanden.

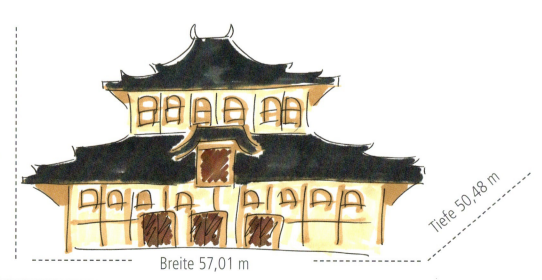

Höhe 48,74 m

Breite 57,01 m

Tiefe 50,48 m

# GANZ SCHÖN SCHNELL

## Holz ist ein natürlicher Baustoff, der immer wieder nachwächst.

Besonders Nadelholz wächst schnell. Deshalb gilt Holz als umweltfreundlicher Baustoff. Das Holz verschiedener Bäume wird zum Bauen genutzt. Für den Hausbau verwendet man vor allem das von Nadelbäumen (Fichte, Tanne, Kiefer, Douglasie), von der Eiche oder der Buche.

Kiefer     Eiche

Das Holz der Kiefer wächst schneller als das der Eiche.
Das erkennt man daran, dass die Jahresringe weiter auseinander liegen.
Wenn die Eiche genauso dick ist, wie die Kiefer, dann ist sie viel älter, denn sie besteht aus mehr Jahresringen. Das Holz der Eiche ist auch dichter und deshalb schwerer.

$1 m^3$ Kiefer = 520 kg     $1 m^3$ Eiche = 670 kg

# GANZ SCHÖN HART

## Eiche ist ein härteres Holz als Fichte, aber kein Holz ist so hart wie z. B. Stahl oder Stein.

Damit Holz härter und stabiler wird, schneidet man einen Baumstamm in dünne Platten und leimt diese wieder aufeinander.
Es heißt dann Furnierholz.

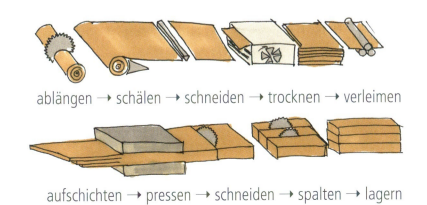

ablängen → schälen → schneiden → trocknen → verleimen

aufschichten → pressen → schneiden → spalten → lagern

# HOLZ ARBEITET

## Hast du schon einmal gehört, dass jemand sagt „Holz arbeitet"?

Das bedeutet, dass Holz sich, nachdem es aus dem Stamm geschnitten wurde,
noch immer verändert. Es dehnt sich aus oder zieht sich zusammen.
Aber nicht in jede Richtung gleich viel.

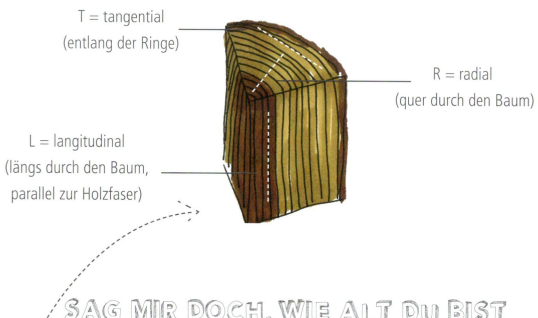

T = tangential
(entlang der Ringe)

R = radial
(quer durch den Baum)

L = langitudinal
(längs durch den Baum,
parallel zur Holzfaser)

# SAG MIR DOCH, WIE ALT DU BIST

Dieser Baum war 13 Jahren alt. Auch du kannst erkennen, wie alt ein Baum war.
Im Frühjahr und Sommer wächst das Holz schneller, es entsteht der helle Ring.
Im Herbst, wenn es kalt wird, wächst das Holz langsam, es entsteht der dunkle Ring.
Ein heller und ein dunkler Ring ergeben ein Jahr.
So kannst du an den Ringen abzählen, wie alt der Baum ist.

Wenn Holz trocknet, dann zieht es sich zusammen. Wird es wieder feucht, dehnt es sich wieder aus.
In der Richtung T ist die Veränderung größer als in den anderen beiden Richtungen.
Damit sich das Holz nicht zu sehr verändert, lässt man es sehr lange trocknen, bevor man es verwendet.
**Außerdem kann man das Holz auch daran hindern, sich zu verändern,
indem man dünne Platten sägt und diese immer im rechten Winkel (Seite 161)
zueinander wieder zusammenleimt.** Das sperrt (verhindert) die Veränderung.
**Deshalb heißt es Sperrholz.**

**Will man Holz rund biegen, muss man Holzbretter erhitzen.**
Durch das Erhitzen wird das Holz weicher und man kann es in eine bestimmte Form zwingen,
z. B. wie bei einem Fass, hier zwingen Eisenringen das Holz in die Form.

Besser ist es aber, nicht das ganze Stück Holz mit viel Kraft zu biegen, sondern dünne
Holzschichten zu biegen und sie dann wieder zusammen zu leimen.
Oder man sägt kurze Kurven direkt aus dem Holz.

## DAS SITZT

Es gibt extra Holzverbindungen, mit denen man Holzteile sehr gut miteinander verbinden kann.
Dazu muss man wenige oder keine Nägel und Schrauben verwenden.

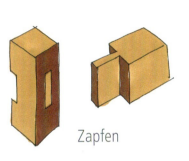
Zapfen

Fingerzinken

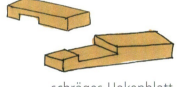
schräges Hakenblatt

## MUSIKALISCHES HOLZ

Holz hat sehr gute akustische Eigenschaften.
Schall erreicht im Holz eine viel höhere Geschwindigkeit
als in der normalen Luft.

Der Schall wird in Holz (parallel zur Holzfaser) in 4.000 bis 6.000 m/s (Metern in der Sekunde) transportiert.
Quer zur Holzfaser ist er 400 bis 2.000 m/s schnell. In trockener Luft von 20 °C ist ist Schall nur 343,2 m/s schnell.

1 km Holzbrett — nach 0,17 Sekunden hört man den Schall

1 km Luft — nach 2,9 Sekunden hört man den Schall

# Bau dir eine kleine Leonardobrücke

**Du brauchst...**
Holzstäbchen*

*die bekommst du ganz einfach und ohne Rezept in einer Apotheke

Legt zwei Leisten parallel und eine obenauf zu einem H; legt daneben zwei Leisten zu einem Kreuz.

Schiebt Kreuz und H zusammen. Dabei liegen die zwei Seiten des H oben auf dem Querbalken des Kreuzes. Der Längsbalken des Kreuzes liegt oben auf der Mittelleiste des H.

Einer schiebt, der andere hält fest.

Legt wieder ein H an: H oben auf dem Kreuz, Kreuz oben auf dem H.

Weil H und Kreuz beide obenauf liegen wollen, musst du das Holz etwas biegen.

So entsteht Spannung und diese hält die Brücke stabil.

NA, WER TRAUT SICH ALS ERSTER ÜBER DIE BRÜCKE?

## Für eine große Leonardobrücke BRAUCHST DU...

Kanthölzer, kurz und lang

Legt zwei lange Hölzer parallel,
ein kleines oben auf zu einem H;
daneben zwei kurze Hölzer zu einem Kreuz.

Schiebt Kreuz und H zusammen. Dabei liegen die zwei Seiten
des H oben auf dem Querbalken des Kreuzes.
Der Längsbalken des Kreuzes liegt oben
auf der Mittelleiste des H.
Einer schiebt, der andere hält fest.
Wie bei der kleinen Brücke geht das so weiter,
bis eure Brücke lange genug ist oder
euch die Hölzer ausgehen.

①

# HAST DU DAMIT GERECH

Anders als die berühmte Biene Maja und ihre Freunde aus der Zeichentrickserie, können echte Bienen nicht sprechen – oder jedenfalls nicht so, wie wir Menschen das miteinander tun. Richtige Bienen unterhalten sich nämlich nicht mit Worten, sondern sie tanzen immer gleiche Muster und Formen mit ihren Körpern nach: Wollen sie zum Beispiel den anderen Bienen mitteilen, dass sie in der Nähe des Bienenstocks Nahrung gefunden haben, dann tanzen sie im Kreis – man nennt das auch Rundtanz. Ist die Nahrungsquelle weit entfernt, tanzen sie den sogenannten Schwänzeltanz. Dieser Tanz hat von oben betrachtet exakt die Form einer Acht. Bienen sind also richtige Mathegenies, und das ganz ohne Matheunterricht!

Und sie sind vor allem auch richtig talentierte Baumeisterinnen. Mit ihren Wachsdrüsen produzieren sie kleine Wachsplättchen, die von den sogenannten Arbeiterbienen eines Bienenschwarms zu regelmäßigen Waben verarbeitet werden. Sie ergeben immer ein gleichförmiges Sechseck. Fast wie mit dem Zollstock ausgemessen!

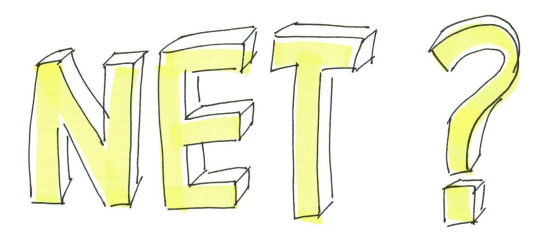

Bienen benötigen insgesamt immer nur eine möglichst kleine Menge an Wachs und können gleichzeitig die ihnen zur Verfügung stehende Fläche so gut wie möglich ausnutzen. Eine Fläche, die sechs Ecken hat, bietet nämlich viel mehr Platz, als z. B. eine Fläche mit vier oder drei Ecken.

Wie gut Dinge in
der Natur funktionieren,
bringt uns oft zum Staunen.
Wenn Menschen sich bei dem, was
sie bauen, an der Natur orientieren, dann
nennt man das Bionik. Hier haben sich
Studenten der Universität Stuttgart einiges
am Skelett des Seeigels abgeschaut.
Es besteht auch aus unregelmäßigen
Sechsecken. Es ist sehr dünn
und trotzdem stabil.

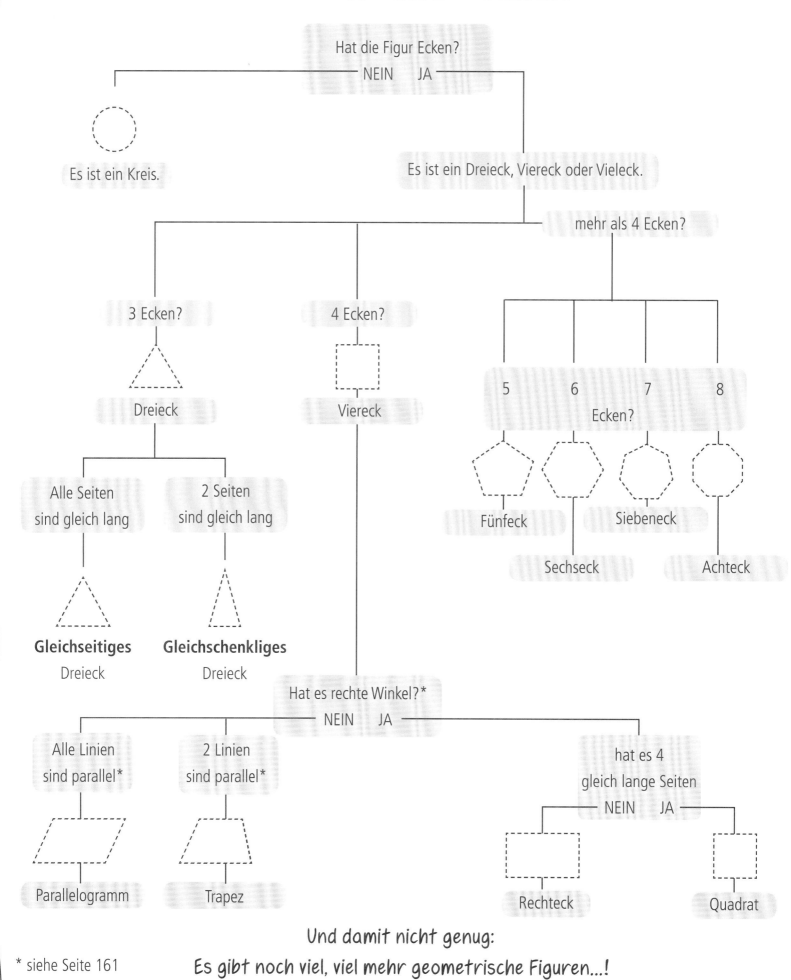

# DAS TETRAEDER

besteht aus 4 Dreiecken, es entsteht eine Pyramide

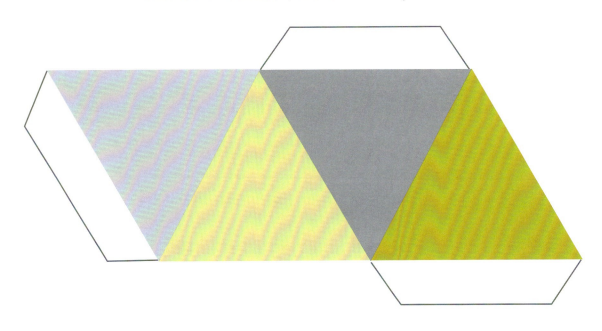

# DAS OKTAEDER

besteht aus 8 Dreiecken, es entstehen 2 zusammenhängende Pyramiden

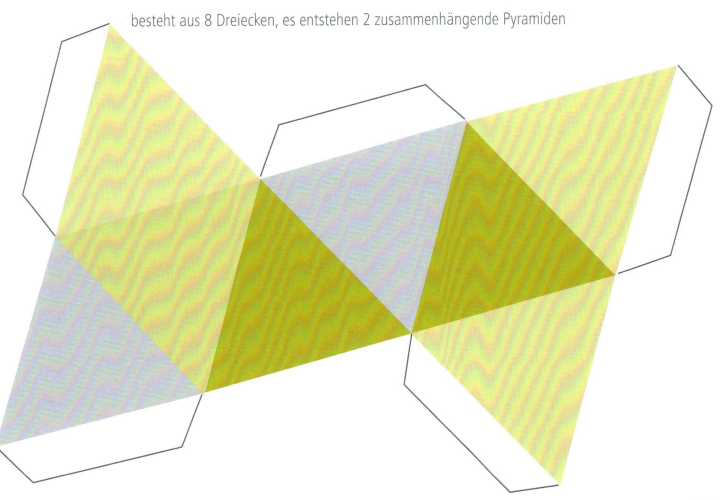

Bastel dir ein Mobile. Auf der nächsten Seite findest du das Hexaeder.

Bastel dir ein Mobile

Trenne die Seite mit TETRAEDER, OKTAEDER UND HEXAEDER aus dem Buch.
Schneide die Formen aus, knicke entlang den Linien und Farbflächen.
Danach auf die weißen Flächen den Kleber auftragen und zusammenkleben.
Mit einer Nadel kannst du ein Loch in die Figur machen und einen Faden durchziehen,
fertig ist sie zum Aufhängen. Wenn du mehrere Figuren an deinem Mobile magst,
kopiere die Seiten mit einem Farbkopierer.

# DAS HEXAEDER
besteht aus 6 Quadraten, es entsteht ein Würfel

Achtung, bevor du das Hexaeder ausschneidest kannst du dir mit Hilfe der Bauanleitung auf der Rückseite einen Geldbeutel aus einem Tetra Pak falten.

61

# HAST DU DAMIT GERECHNET,

dass du dir aus einem Tetra Pak einen Geldbeutel machen kannst?

## DU BRAUCHST:

1 leeren Tetra Pak (Milch oder Saft), Kugelschreiber, Lineal und Schere

Schneide deinen Tetra Pak vorsichtig auseinander und mache ihn sauber.

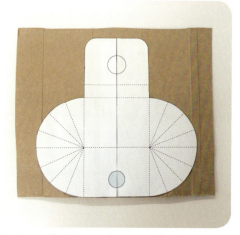

Kopiere dir die Vorlage und schneide sie aus. Lege sie mit dem grauen Kreis über den Schraubverschluss.

Mit einem Lineal und Kugelschreiber fährst du kräftig alle gestrichelten Linien nach, damit du sie später leichter knicken kannst. Schneide den Rand ab. Falte alle gestrichelten Linien nach innen, den Halbkreis kannst du wie eine Ziehharmonika falten.

Schneide den weißen Kreis mit einer Schere aus. Der Verschluss ist der Schraubverschluss der Tüte. Jetzt ist deine Geldbörse fertig!

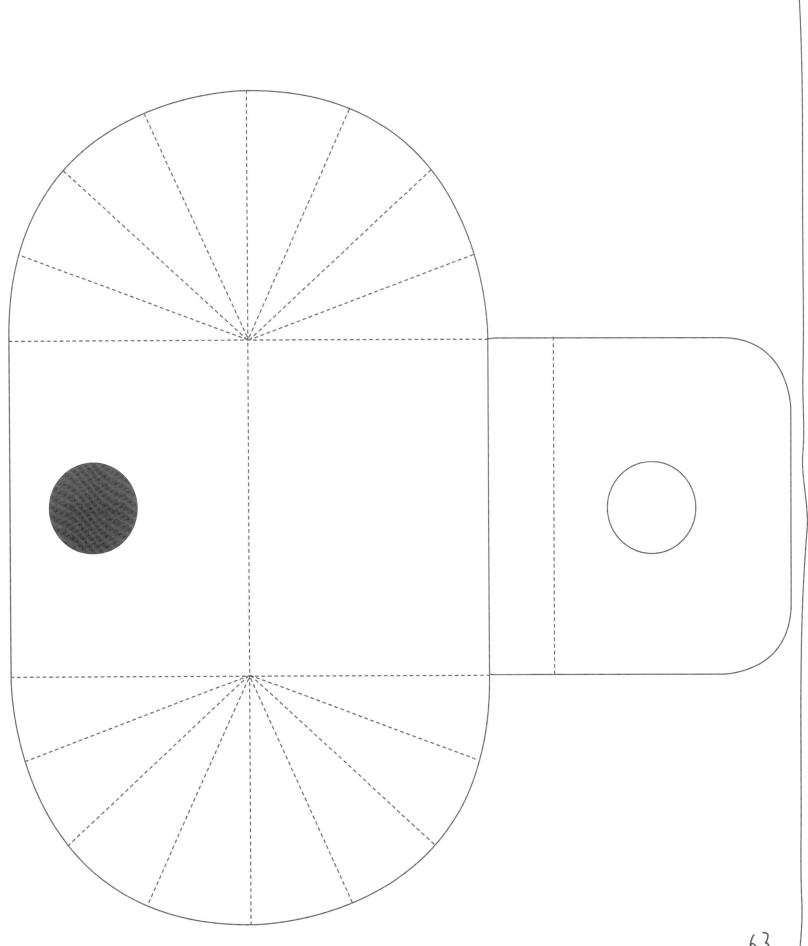

Bau dir ein cooles Regal
## Du brauchst...

Zollstock

Pappröhren

Schnürsenkel

Säge

Bleistift

Miss die Länge einer Pappröhre. Teile die Länge durch 6. Miss auf der Röhre die Stücke mit der Länge ab, die sich beim Teilen ergeben hat. Markiere die Stücke mit einem Bleistift.

Säge die Röhren an den markierten Stellen auseinander.

Nach dem Sägen der zweiten Röhre hast du insgesamt 12 Stücke.

Lege die Rohrstücke auf dem Boden zu einer einheitlichen Form.

Umwickele die Form fest mit dem Schnürsenkel.
Fertig ist dein kleines Regal mit 12 runden Fächern.
Auf Seite 73 siehst du, wie cool dieses Regal
in deinem Zimmer aussehen kann.

Schnapp dir deine Freunde und bau ein großes Regal
## Du brauchst:

2 Bananenkisten
(Deckel und Boden)

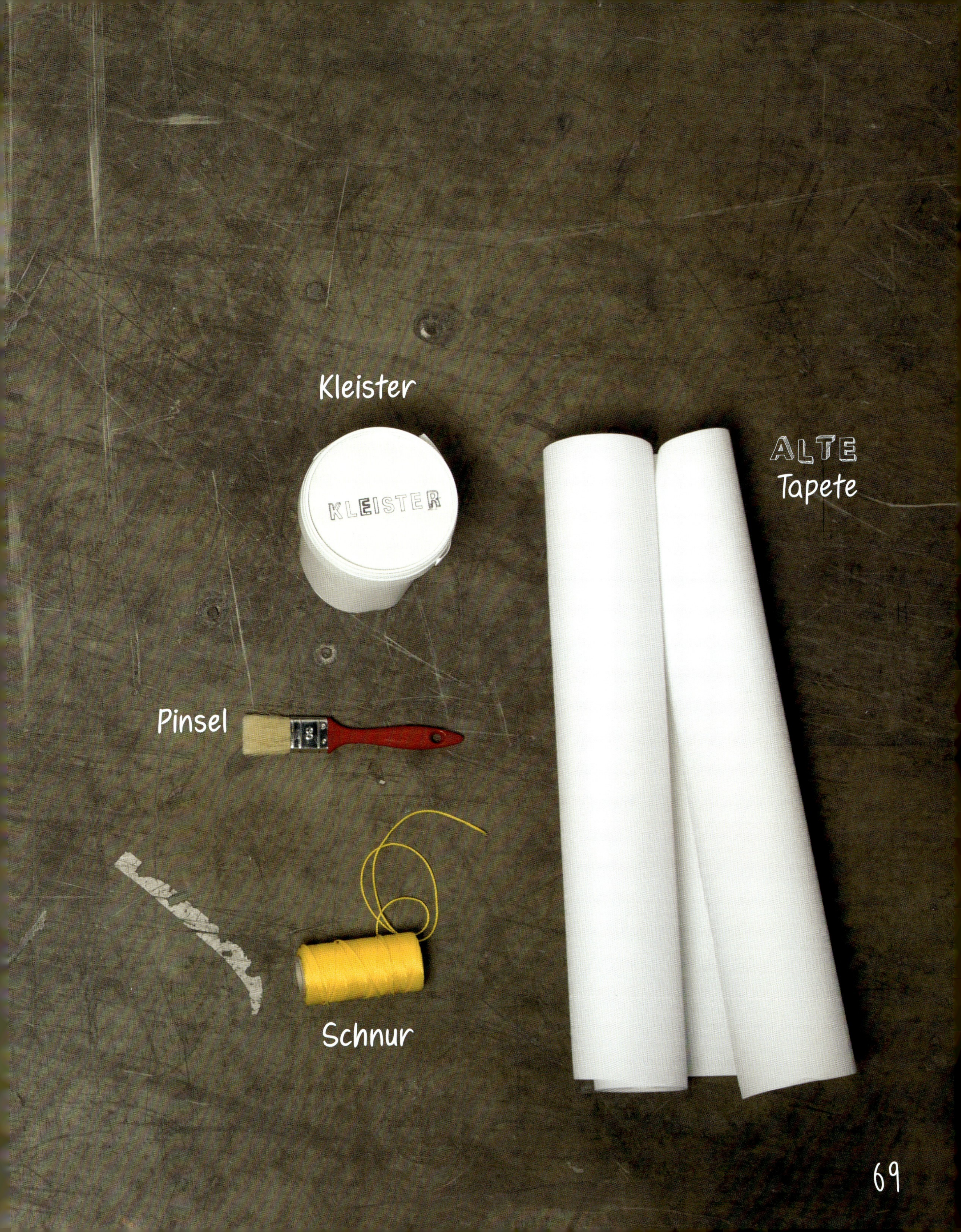
Kleister
KLEISTER
ALTE
Tapete
Pinsel
Schnur

① Schneide ein Stück von der Tapetenrolle, das in der Länge einmal um eine Bananenkiste passt.

② ... und bestreiche eine Kiste sorgfältig mit Kleister.

Schneide 3 weitere Stücke von der selben Länge ab...

Umwickele die Kiste so, dass der Rand der Tapete mit der offenen Seite der Kiste abschließt.

④ Once again, please!
Wiederhole das mit den 3 anderen Kisten.

Stelle die vier Kartons zu einem stabilen Viereck übereinander und umwickele sie mehrmals straff mit der Schnur.

⑥ Fertig ist dein neues Regal.
Hübsch dekoriert ist es der Blickfang in deinem Zimmer!

# WER HAT DEN

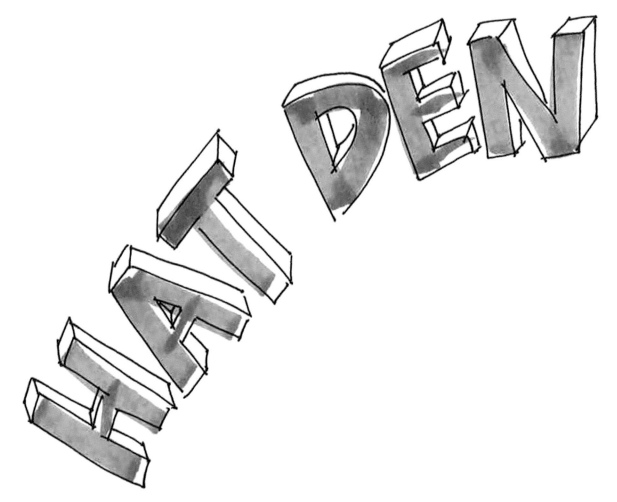

Das Fell des Eisbären scheint in der Sonne leuchtend weiß. Das ist praktisch. So ist er im Schnee gut getarnt. Die Haare selbst sind jedoch gar nicht weiß, sondern durchsichtig wie Glas. Außerdem sind sie hohl, und das hat einen guten Grund: In den Regionen, in denen Eisbären leben, ist es sehr kalt. Der Eisbär nutzt die Sonnenstrahlen, um sich zu wärmen. Die hohlen Haare leiten die Sonnenstrahlen direkt unter die Haut.

Und ist die Haut des Eisbären weiß? Nein, auch nicht! Sie ist schwarz. Auch hier hilft dem Eisbären die Kraft der Sonne.

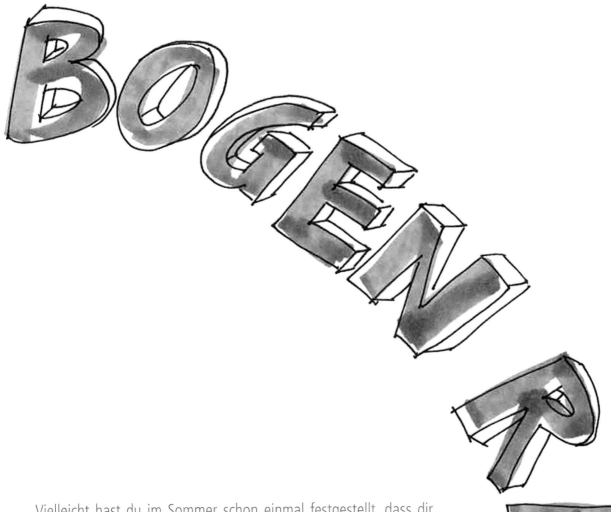

Vielleicht hast du im Sommer schon einmal festgestellt, dass dir in einem schwarzen T-Shirt wärmer ist als in einem weißen. Grund dafür ist die Absorption der Sonnenstrahlen. Das ist ein komplizierter Begriff, du kannst ihn durch das Wort „verschlucken" ersetzen. Das bedeutet, dass Oberflächen Teile von Sonnenstrahlen verschlucken und andere Teile reflektieren, also zurücksenden. Schwarze Flächen verschlucken mehr Sonnenstrahlen als weiße.

Der Eisbär hat also eigentlich ein schwarzes T-Shirt an, dadurch ist ihm auch bei noch so großer Kälte warm.

Eisbärenjunge kommen in einer Höhle aus Schnee zur Welt. Die trächtige Eisbärin gräbt an einer geeigneten Stelle in einen Schneehügel eine Mulde. Der Wind türmt Schneemengen auf. So entsteht durch die Schneeverwehungen eine Kuppel für die Höhle. Das Innere ist vor dem Wind geschützt. Zusätzlich isoliert die Schneedecke, und so fällt die Temperatur im Inneren nicht unter -1 °C. Das ist für Eisbären angenehm.

Ein Haus aus Schnee nennt man Iglu. Das Wort stammt aus der Sprache der Inuit. Viele Inuit – so heißen die Menschen, die im hohen Norden Amerikas leben – lernen, einen Iglu zu bauen. Doch sie leben nicht ständig darin, sondern nutzen ihn wie eine Schutzhütte, wenn sie auf die Jagd gehen. Der Schnee isoliert die Wärme in einem Iglu. Deshalb ist die Luft im Inneren wärmer als die Luft im Freien. Der Architekt Oscar Niemeyer hat sich das Iglu beim Bauen zum Vorbild genommen.

# JEDES HAUS HAT EIN DACH ZUM SCHUTZ VON OBEN.

Es gibt viele verschiedene Formen von Dächern.

Flachdach

Tonnendach

Satteldach

versetztes Pultdach

Pultdach

Walmdach

Krüppelwalmdach

Zeltdach

## EIN BESONDERES DACH IST DIE KUPPEL.

Sie ist oft auf Gebäuden mit besonderer Bedeutung zu sehen.

### SULTAN-AHMEND-MOSCHEE IN ISTANBUL

Sie wird auch "Blaue Moschee" genannt, weil sie mit blau-weißen Fliesen verziert ist.

### KAPITOL IN WASHINGTON D.C.

Im Kapitol arbeiten Politiker und Politikerinnen der Vereinigten Staaten von Amerika.

### NEUE SYNAGOGE IN BERLIN

Die Kuppel der Synagoge erinnert an Erzählungen aus dem Orient und wurde zum Teil vergoldet.

# ABER WARUM FÄLLT EINE KUPPEL NICHT IN SICH ZUSAMMEN, OBWOHL SIE INNEN HOHL IST?

Der Trick dabei ist der „SCHLUSSSTEIN".
Wenn dieser gesetzt ist, sollte die Kuppel halten.
Und hier siehst du, wie es funktioniert:

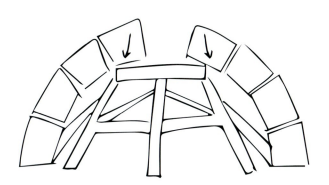 

Hier hält das Holzgerüst die Kuppel, sonst würden die Steine zu Boden fallen.

Hier siehst du, wie die Kräfte vom Schlussstein aus die Kuppel entlang drücken.

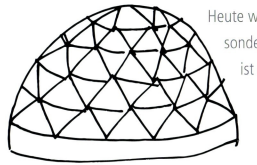

Heute werden Kuppeln oft nicht mehr aus Stein, sondern aus Stahl gebaut. Eine besondere Form ist die „geodätische" Kuppel. Als geodätisch wird die kürzeste Verbindung zwischen zwei Punkten bezeichnet.

Der Amerikaner Richard Buckminster Fuller war Tüftler und Erfinder. Er wollte herausfinden, wie man mit möglichst wenig Material einen großen Raum überspannen kann. Vor 60 Jahren erfand er eine eigene Technik zu bauen – und entwickelte die geodätische Kuppel.
Du kannst eine Kuppel aus Trinkhalmen, Holzstäben, Zeitungen oder vielem mehr bauen.

Versuch es selbst...

## Du brauchst:

- Klebeband in zwei verschiedenen Farben
- Schere
- Locher
- Musterbeutelklammern
- Zollstock
- Alte Zeitungen
- Freunde

Rolle die Zeitungen, in mehreren Lagen,
zu 65 Stäben zusammen und schneide sie zurecht.*

Schneide 35 Stäbe auf eine Länge von 43 cm ab, das sind deine langen Stangen, hier rosa markiert.

Kürze 30 Stäbe auf 38 cm und markiere sie mit einer anderen Farbe.

\* Baust du deine Kuppel aus anderen Materialien, ist eines wichtig: Die Stäbe müssen 2 verschiedene Längen im Verhältnis 1:0,88 haben.

Lege 10 Stäbe zu einem Kreis.

NIMM 10 KURZE STÄBE.

Verbinde immer 2 Stäbe an einem Ende mit einer Klammer zu Zacken.
Nimm 10 lange Stäbe. Verbinde auch sie zu spitzen Winkeln.
>>>>> Jetzt hast du 5 lange und 5 kurze Winkel. <<<<<

Lege sie abwechselnd an die Stäbe in deinem Kreis. Verbinde alle Enden miteinander, sodass sich der Kreis schließt.

Nimm 10 kurze Stäbe und verbinde damit die Spitzen der Dreiecke. *

* Du musst die Klammern dazu erst wieder öffnen.

⑤ An die Stellen, wo sich 4 kurze Stäbe treffen, heftest du 1 weiteren kurzen Stab.

An den Stellen, wo sich 2 lange und 2 kurze Stäbe treffen, heftest du 2 lange Stäbe dazu.

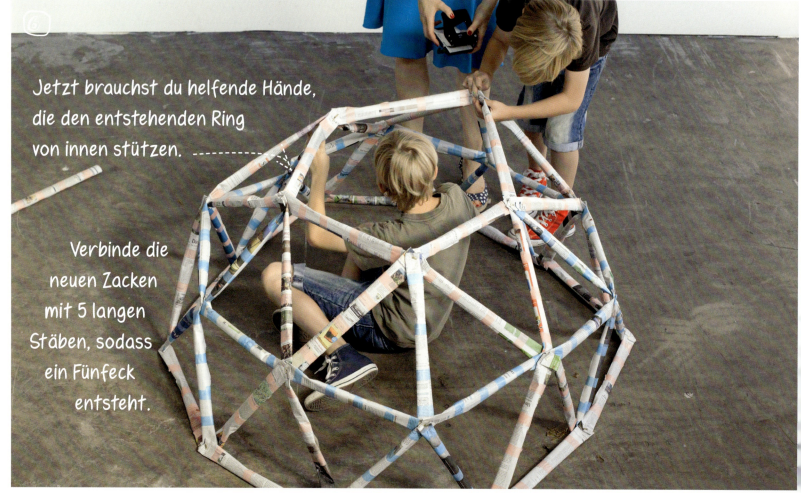

⑥ Jetzt brauchst du helfende Hände, die den entstehenden Ring von innen stützen.

Verbinde die neuen Zacken mit 5 langen Stäben, sodass ein Fünfeck entsteht.

# ENDSPURT
## Fast geschafft!

Hänge einen kurzen Stab in jede Ecke deines Fünfecks ein. Verbinde dann die Stäbe an der Spitze.

**FERTIG!**

# EINE MACHT NOCH KEINEN SOMMER

„Abendrot, Schönwetterbot'!", sagen manche Großmütter und meinen damit, dass das Wetter am nächsten Tag gut wird, wenn der Himmel abends rot und orange leuchtet. Noch viel bessere Wettervorhersager als Omas sind allerdings Schwalben! Glaubt man den Bauernregeln, das sind eine Art „Regeln", die Bauern durch Beobachtung herausgefunden haben, wissen sie nämlich genau, wann es regnet. Man sagt: „Siehst du die Schwalben niedrig fliegen, wirst du Regenwetter kriegen. Fliegen die Schwalben in den Höh'n, kommt ein Wetter, das ist schön."

Schwalben wissen also, wann das Wetter gut wird? Schauen sie sich dazu einfach die Wolken genau an? Nein, etwas komplizierter ist es schon: Sie fliegen dort, wo ihr Futter ist! Bei sonnigem Wetter steigen die Insekten, von denen sich Schwalben ernähren, mit unsichtbaren Luftblasen, dem Aufwind, nach oben. Du kannst dir diese Luftblasen vorstellen wie die Blasen in einem Topf mit kochendem Wasser. Also fliegen auch die Schwalben hoch, damit sie etwas zu futtern bekommen. Bei schlechtem Wetter gibt es diesen Aufwind nicht, die Insekten bleiben näher an der Erde und mit ihnen auch die Schwalben. Siehst du die Schwalben tief fliegen, wird es auf jeden Fall Zeit für den Heimweg. Und wenn es dann anfängt zu regnen, huschen auch die Schwalben flink in ihre Nester.

Die Schwalbe baut ihr Nest aus Lehm. Sie formt kleine Lehmkügelchen und klebt sie aneinander. So entsteht ein halbrundes Nest, das oben offen ist. Die Nester werden an Hauswänden oder unter Dachvorsprüngen angebracht. Leider wird es für Schwalben immer schwieriger, Baumaterial zu finden, da viele Lehmwege nach und nach asphaltiert werden.

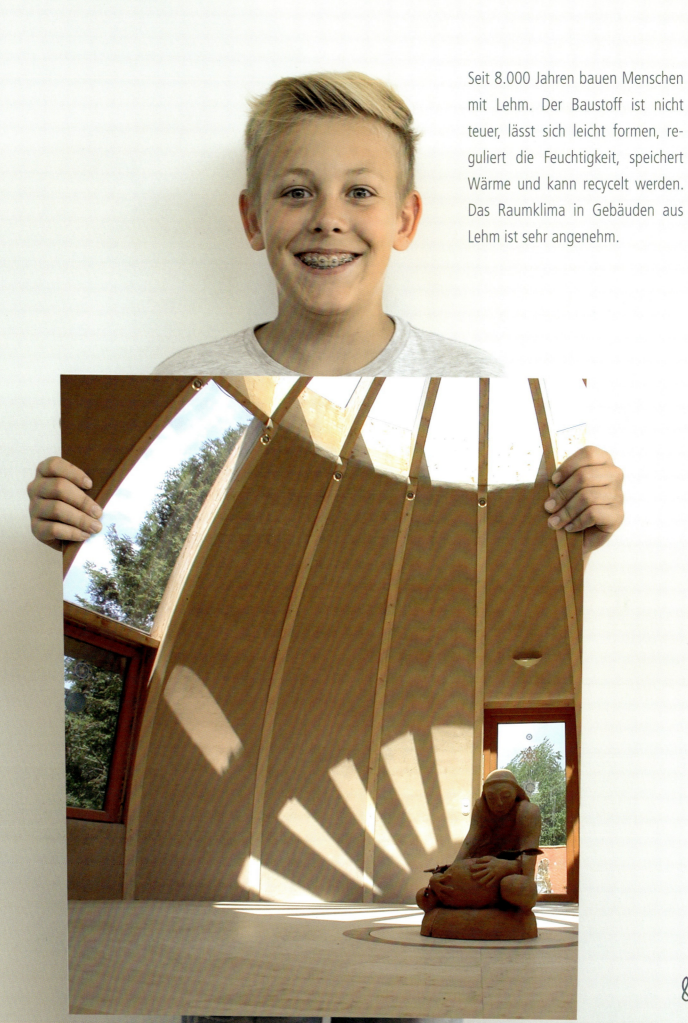

Seit 8.000 Jahren bauen Menschen mit Lehm. Der Baustoff ist nicht teuer, lässt sich leicht formen, reguliert die Feuchtigkeit, speichert Wärme und kann recycelt werden. Das Raumklima in Gebäuden aus Lehm ist sehr angenehm.

# DA IST LEHM DRIN

Wenn du dir Häuser genau ansiehst, kannst du erkennen,
dass sie aus ganz unterschiedlichen Materialen gebaut sind.
In manchen Häusern steckt auch Lehm, nämlich in Fachwerkhäusern.

Lehm wird in Fachwerkhäusern an den Außenwänden angebracht, so schützt der Verputz vor Feuchtigkeit.

# STEIN AUF STEIN

Aus Lehm werden Ziegel geformt und gebrannt. Sehr heiß gebrannte Ziegel sind stabiler
und heißen Tonziegel. Sie können unterschiedliche Farben haben, sodass man Muster mit ihnen mauern kann.

Amerikanischer Verband

Schlesischer Verband

Gotischer Verband

Flämischer Verband

Märkischer Verband

Steine, mit denen gebaut wird, sind oft typisch für eine Region, weil sie dort in der Natur vorkommen.
Ziegelsteine zum Beispiel sieht man viel im Norden von Deutschland.
Oft wird auch mit Sandstein gebaut, er kann weiß, gelb oder rot sein.

# MIT UND OHNE FUGEN

Mauern werden fest, weil die Ziegel mit Mörtel verbunden werden,
der zwischen den Steinen trocknet, es entstehen Fugen.

Die Mauern von Machu Picchu sind ohne
die Verbindung von Mörtel enstanden.
Die Steine wurden exakt geschnitten.

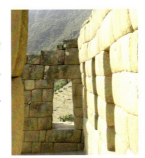

# TRENNUNGEN

Aus Mauern werden nicht nur Gebäude gebaut. Mauern können auch
berühmte Bauwerke sein. Sie trennen oft Regionen voneinander.

Die Berliner Mauer
trennte Ost- von West-Berlin
28 Jahre lang.

Mit Mauern aus Steinen werden in
Irland Schafweiden abgetrennt.

Die chinesische Mauer schützte
das Kaiserreich vor nomadischen
Reitervölkern aus dem Norden
Sie ist 21.196,18 km lang.

Wie du Lehmziegel selbst herstellen kannst,
verraten wir dir auf den nächsten Seiten.

## DU BRAUCHST:

Holzstück

LEERE Eisbehälter

eine Wanne voll LEHM

① 

Knete den Lehm gut durch.
Am bestens stellst du dir eine
Schüssel mit lauwarmen Wasser
und ein sehr altes Handtuch für deine
Hände bereit.

Fülle die Eisboxen mit Lehm,
den Überschuss kannst du einfach
mit einem Stück Holz abstreifen.
Wenn du alle gefüllt hast, stellst du die Boxen mit Lehm
an einen warmen Ort.
Nun musst du nur noch ein wenig Geduld haben,
denn es dauert einen Tag, bis die Ziegel trocken sind.

JETZT SIND DEINE IDEEN GEFRAGT.

Du kannst eine Beeteinfassung, eine Schutzmauer
und vieles mehr mit den Lehmziegel bauen.

# WER HAT EIN PRIMA KLIMA?

Ameisen leben niemals alleine, sondern immer in großen und gut organisierten Gemeinschaften, den sogenannten Ameisenstaaten. In einem solchen Ameisenstaat können mehr als 1 Million Ameisen leben! Chaos gibt es hier aber trotzdem nicht, denn jede Ameise hat eine festgelegte, ihr zugewiesene Aufgabe: Während die Ameisenkönigin immer im Nest bleibt und Eier legt, sind die Arbeiterinnen zum Beispiel dafür zuständig, das Nest zu vergrößern, auszubessern oder auf Nahrungssuche für den gesamten Ameisenstaat zu gehen.

Bei der Nahrungsbeschaffung müssen sich die Ameisen nicht nur ihren Weg zurück ins Nest gut merken, sondern sie wählen immer auch den kürzesten Weg zur Nahrungsquelle.

Ist die kürzeste Route erst einmal ausgekundschaftet, wird diese mithilfe von Duftstoffen markiert, die alle anderen Ameisen wiedererkennen und an denen sie sich immer wieder orientieren können. So entsteht schließlich ein regelrechtes Netz an „Ameisenstraßen", das wie eine eigene Landkarte die Umgebung des Ameisenhügels beschreibt.

Den Bau der roten Waldameise nennt man Hügelnest mit Streukuppeln. Das Nest wird oberhalb der Erde aus Pflanzenteilen wie Tannennadeln, kleinen Ästchen und Blättern gebaut, unterhalb besteht es aus Erde. Da so ein Ameisenbau häufig feucht ist, können im Inneren schädliche Pilze entstehen. Daher tauschen die Ameisen alle 2 bis 3 Wochen die Oberfläche ihres Baus aus. Damit die Gänge im Ameisenbau gut durchlüftet sind, errichten die Tiere ihre Nester oft an sonnigen Waldrändern. So bleibt der Bau möglichst trocken. Ameisen nützen die Kraft der Sonne und ihre eigene Körperwärme, um den Bau innen warm zu halten.

Manche Menschen bauen Häuser, die ebenfalls die Bedingungen der Natur nutzen, um das Haus zu wärmen, zu kühlen und zu lüften. Sie heißen Passivhäuser, weil sie versuchen, nur die Energie zu nutzen, die ihnen in der direkten Umgebung ohnehin zur Verfügung steht.

Auch bei diesen Häusern muss man genau schauen, dass sie richtig zur Sonne stehen und gut durchlüftet sind. Und sie nutzen tatsächlich die Körperwärme der Bewohner, um das Haus warm zu halten.

# DAS RICHTIGE KLIMA IM HAUS

In jedem Haus wird Energie benötigt.

für den Strom    für heißes Wasser...

... und für eine angenehme Temperatur, damit es im Sommer oder tagsüber nicht zu warm und im Winter oder nachts nicht zu kalt wird.

# WOHER KOMMT ENERGIE?

Du denkst, Strom kommt einfach so aus der Steckdose?
Und warmes Wasser aus dem Wasserhahn?
Das stimmt nicht ganz. Denn Energie muss man erst gewinnen.
Sie kommt von weit her oder ganz aus deiner Nähe.
Wie zum Beispiel die Wind- oder Solarenergie.

**WINDKRAFTWERKE** funktionieren so ähnlich wie ein Fahrraddynamo. Der Wind bewegt die Rotorblätter des Windrades und diese Bewegung wird in Energie umgewandelt. Es wurden in den letzten Jahren auch Windräder für Hausdächer entwickelt, mit denen die Windenergie in Strom umgewandelt werden kann.

### FOTOVOLTAIKANLAGE
Bei einer Fotovoltaikanlage werden die Sonnenstrahlen direkt in elektrische Energie umgewandelt, welche ins Stromnetz geleitet wird.

### THERMISCHE SOLARANLAGE
Bei einer thermischen Solaranlage wird mit Hilfe der Sonnenstrahlen Wärme erzeugt. Mit dieser Wärme wird z. B. wiederum Wasser erwärmt.

# SCHLAU BAUEN BRAUCHT WENIG ENERGIE

Wenn man schlau baut, benötigt man jedoch wenig Energie,
um ein gutes Klima im Haus zu erhalten.
Das fängt schon mit den Außenmauern an.
Dort, wo es tagsüber sehr heiß ist und nachts kalt,
werden Häuser mit dicken Mauern und kleinen Fenstern gebaut.

Die Mauern halten tagsüber die heiße Sonne vom Inneren des Hauses ab und speichern dabei die Wärme.

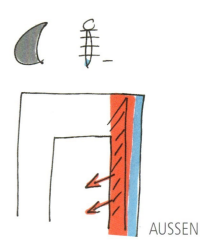

In der kalten Nacht können die erwärmten Mauern den Innenraum wärmen.

# UNSER KLIMA

Bei uns in Mitteleuropa herrscht ein sogenanntes gemäßigtes Klima.
Es wird selten sehr heiß und selten sehr kalt.

! Schlaue Menschen nutzen dies und haben sich Lösungen ausgedacht, um mit sehr wenig Energieeinsatz eine gleichbleibend angenehme Temperatur zu erzeugen.

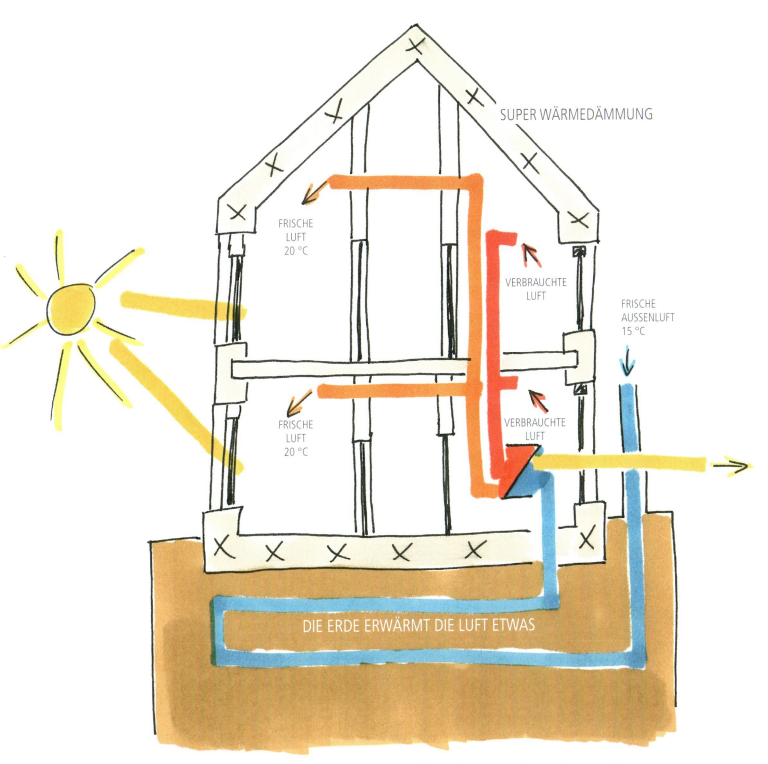

Das Passivhaus nutzt die in seinem Inneren vorhandenen Energiequellen wie die Körperwärme von Personen oder einfallende Sonnenwärme, um damit die frische Außenluft zu erwärmen.

Wichtig für das Klima im Haus ist aber nicht nur die Temperatur, sondern auch „FRISCHE LUFT". Wenn Fenster und Türen undicht sind, muss man nicht mehr viel lüften. Es zieht sowieso. Wenn die Fenster und Türen dicht sind, müssen wir immer mal wieder lüften, damit die Luft nicht stickig wird und damit kein Schimmel entsteht – denn das geht so:

In unseren Wohnungen und Häusern produzieren wir ständig neuen Wasserdampf: beim Kochen, Duschen und beim Ausatmen.
Daher enthält die Luft in Innenräumen meist mehr Wasserdampf als die Außenluft.
Die Luft kann jedoch nur eine begrenzte Menge Wasserdampf aufnehmen, bei hohen Temperaturen viel, bei niedrigen Temperaturen wenig.
Wird Luft in der Nähe der Wand kühler, dann kann sie nicht mehr so viel Wasser als Dampf aufnehmen.

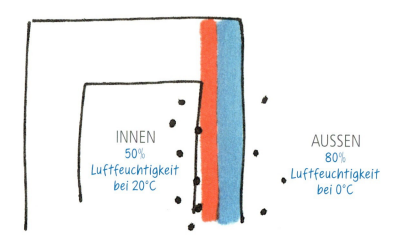

INNEN
50%
Luftfeuchtigkeit
bei 20°C

AUSSEN
80%
Luftfeuchtigkeit
bei 0°C

Die überschüssige Wassermenge kondensiert, geht also vom gasförmigen Zustand in den flüssigen über. Es bilden sich Tropfen an der kalten Wand. Wenn wir nicht lüften, bleibt die Feuchtigkeit dort und es bildet sich Schimmel.

Wenn es im Sommer heiß wird, tut ein kühler Luftzug gut!
**Nutze die Kraft der Sonne und baue einen Ventilator!**

# DU BRAUCHST...

Korken

Musterbeutelklammer

kleiner Motor 1,5 – 3V Gleichspannung

dünnes Papier für das Windrad (quadratisch)

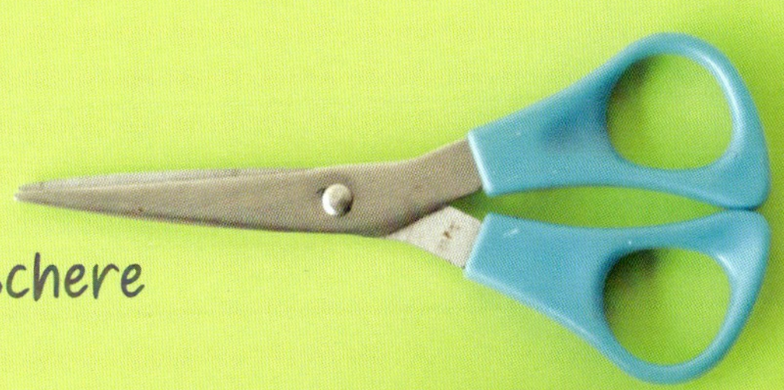

Schere

kleine Solarzelle mit zwei Kabeln und Krokoklemmen*

\* kann man bereits zusammen kaufen

①

Falte das Papier von Ecke zu Ecke.

②

Klappe es wieder auf und falte die beiden anderen Ecken aufeinander.

③

Schneide von jeder Ecke aus die Faltkante zur Hälfte ein.

④ Lege aus jeder Ecke eine Spitze in die Mitte, sodass sie übereinander liegen. Halte sie dort mit einer Hand fest. Mit der anderen drückst du die Klammer von vorne durch die Spitzen hindurch.

⑤ Die beiden Klammerenden drückst du in den Korken.

⑥

# JUHUUU
ein Windrad!

Weiter geht es auf der nächsten Seite :)

⑦ Verbinde mit den Krokoklemmen die Solarzelle mit dem Motor.

⑧ Stecke den Windradkorken auf den Motor.

⑨

Ein Mann im rot-blauen Anzug schwingt sich behände von einem New Yorker Hochhaus zum nächsten, getragen von dicken – nanu, was ist das? Spinnenfäden schießen aus seinen Handflächen!

Im Comic und Film „Spider-Man" entwickelt dieser junge Mann, Peter Parker, unglaubliche Superkräfte, nachdem er von einer radioaktiven Spinne gebissen wurde: Genau wie Spinnen kann er jetzt Wände erklettern und hat plötzlich einen besonderen Gefahrensinn, den „Spinnensinn", mit dem er besser hören und sehen und so seine Umwelt viel genauer wahrnehmen kann als normale Menschen.

Außerdem erfindet und entwickelt er „Netzdrüsen" und eine Netzflüssigkeit, mit der er dünne, elastische Fäden spinnen kann. An ihnen schwingt er sich durch die Wolkenkratzerschluchten New Yorks oder baut stabile Netze, um sich und seine Freunde zu schützen oder Verbrecher einzuschnüren.

Allerdings sitzen seine Netzdrüsen in den Händen, das ist ganz anders als bei richtigen Spinnen. Deren Spinnfäden kommen nämlich aus dem Po! Na, wie hätte das wohl im Comic und im Film ausgesehen...?

Die meisten Spinnen bauen Netze. Ein Spinnennetz besteht aus Spinnseide.
Aber es gibt nicht nur einen Faden, sondern verschiedene, je nachdem,
wofür sie gebraucht werden. Die Fäden stellt die Spinne in verschiedenen Drüsen
am Hinterteil ihres Körpers her.

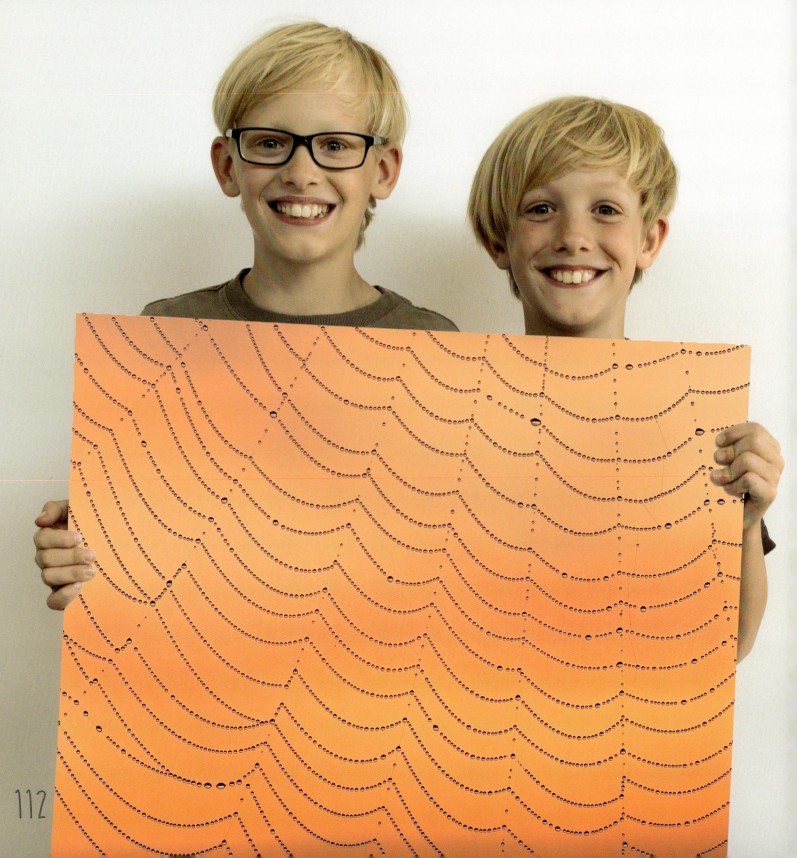

Stahl ist sehr reißfest und gleichzeitig biegsam. Das Stahlseile der Golden Gate Bridge in San Francisco haben einen Druchmesser von 92 Zentimetern und jedes besteht aus 27.572 parallel liegenden Drähten.

# EINE SPINNE, VIELE FÄDEN

Es gibt viele verschiedene Arten von Spinnennetzen.
Am Radnetz kann man gut erkennen, welche unterschiedlichen Fäden es gibt.

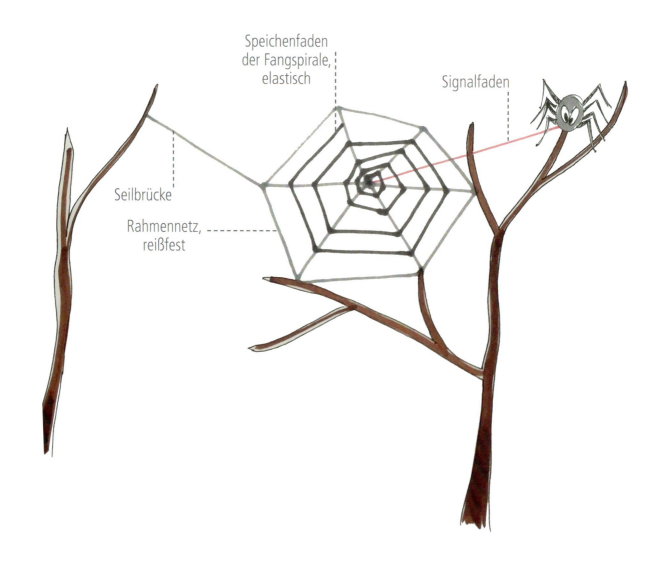

Die Spinne beginnt ihre Arbeit, indem sie zuerst einen Rahmen aus reißfesten Fäden anlegt.
Mit elastischen Fäden baut sie dann die Fangspirale im Netz. Mit einem feinen Faden umwickelt sie ihre Beute.

## Wie funktioniert das?

Die Spinne hat verschiedene Drüsen im Körper. Die Anzahl der Drüsen ist unterschiedlich. Je nach Beschaffenheit des Fadens setzt die Spinne entweder die eine oder die andere Drüse ein – manchmal kommen sogar mehrere Drüsen gleichzeitig zum Einsatz! Ausgeschieden wird die Spinnseide über die Spinnwarzen.

# EIGENSCHAFTEN DER SPINNENSEIDE

**Die Spinnenseide besitzt erstaunliche Eigenschaften:**

Sie ist leicht und elastisch und dabei fünfmal so zugfest wie Stahl.
Ein Stahlseil von dem Durchmesser eines Spinnenfadens würde also 5-mal so schnell reißen,
wenn man mit der gleichen Kraft an ihm zieht, wie der Spinnenfaden.

## Streckgrenze

Die Bezeichnung für diese Festigkeit des Materials nennt man Streckgrenze. Sie bezeichnet die Spannung, die man braucht, bis ein Seil unter Belastung reißt oder ausleiert.
Die Einheit hierfür ist N/mm$^2$, d.h. wie viel Kraft (Kraft heißt Newton, deshalb „N")
kann auf einen Quadratmillimeter ausgeübt werden, bis das Material reißt oder sich verändert.

# EINE BRÜCKE AUS STAHL

Seile aus Stahl werden auch für Hängebrücken genutzt, denn Stahl ist sehr reißfest und
kann auch biegsam sein. Sie müssen sehr viel Zugkraft aushalten.

# EINE BRÜCKE AUS GRAS

Schon lange, bevor Menschen daran gedacht haben, ins Weltall zu fliegen, haben sie daran gedacht, wie sie mit einer Brücke aus Seilen einen Fluss überqueren können. Die Brücke Qu'eswachaka in Peru wird seit 500 Jahren auf die gleiche Art und Weise aus geflochtenen Grasseilen hergestellt. Sie ist 28 Meter lang.

# Ein Aufzug ins All

Doch mit welchem Seil befestigt man einen Aufzug ins All? Du glaubst, die, die sich sowas ausdenken, spinnen? Von wegen! Schon 1895, nachdem der Eifelturm errichtet war, hat der russische Weltraumpionier Konstantin Ziolkowski den Vorschlag gemacht, einen Lift in den Weltraum zu bauen. Dafür gibt es noch keine geeigneten Seile, aber so in etwa soll er aussehen:

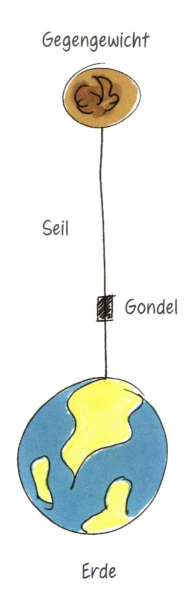

# SEILE

## Hast du dir schon einmal ein Seil genau angeschaut?

Wenn es nicht so dick ist, wie das der Golden Gate Bridge, besteht es meist aus vielen, ineinander gedrehten Fäden oder Drähten. Das macht es erst richtig fest.

Draht

Litze

Mehrere Drähte werden zu Litzen zusammengedreht.

Seil mit Einlage

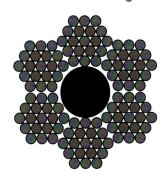

Aus mehreren Litzen wird das Seil geschlagen. Ein dünnes Seil besteht aus 3 bis 4 Litzen, die um eine Einlage verdrillt werden.

## NICHT VOM GLEICHEN SCHLAG...

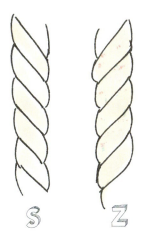

Die Richtung, mit der Litzen und Seile verdrillt werden, kann linksdrehend (gegen den Uhrzeigersinn) oder rechtsdrehend (im Uhrzeigersinn) sein. Man spricht dabei von einem S-Schlag (linksdrehend) bzw. Z-Schlag (rechtsdrehend). Großbuchstaben kennzeichnen die Schlagrichtung des Seiles, „s" oder „z" dient der Kennzeichnung der Schlagrichtung der Litzen.

S    Z

**A** Kreuzschlagseile: die Verdrillungen der Litzenbündel in sich und zueinander sind verschieden. Dieses einfache Seil wird zum Befestigen von Gegenständen benutzt.

**B** Gleichschlagseil: die Verdrillung der einzelnen Litzen und deren Verdrillung untereinander erfolgen in derselben Drehrichtung. Die Litzen bleiben dadurch zueinander verschieblich. Gleichschlagseile werden beispielsweise für Förderseile von Seilbahnen oder von Kränen verwendet.

# SICHER IST SICHER

**Ein Seil allein reicht meist nicht aus, um etwas zu ziehen oder aufzuhängen.**

Wichtig ist auch die richtige Befestigung. Die Spinne nutzt einen sehr starken Kleber, wir nutzen Knoten. Es gibt verschiedene Arten von Knoten. Wenn man einige davon kennt, ist es einfach, ein Seil gut zu befestigen.

### Rundtörn mit zwei halben Schlägen

Festmachen an einer Stange, einem Ring,...

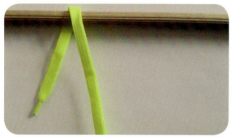

Das Seil von vorne nach hinten über die Stange legen.

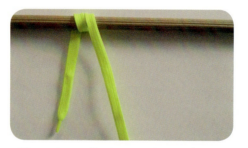

Einmal um die Stange herumlegen.

Überkreuze mit dem Ende das Seil vorne.

Das Seil durch die Schlaufe hinter dem Seil nach unten durchziehen.

Wieder vorne über das Seil kreuzen.

Das Seilende durch die Schlaufe hinter dem Seil stecken.

Den Knoten nach links festziehen.

## Kreuzknoten
Verbinden von zwei gleichstarken Seilen

Zwei Seile an den Enden nehmen und überkreuzen.

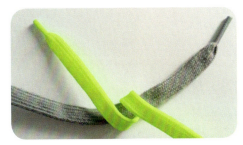

Das Seil, das oben liegt, einmal um das andere Seil führen.

Beide Enden nach oben nehmen.

Seilende des oben liegenden Seils nach hinten durch die Lücke führen.

Nach rechts zuziehen – fertig!

## Stopperstek
Mit ihm kannst du schwere Lasten ziehen.

Ein dünneres Seil um ein dickeres Seil umschlagen.

Nach oben links überkreuzen

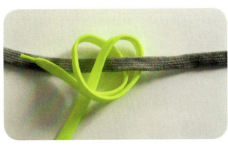

Wieder umschlagen und kreuzen.

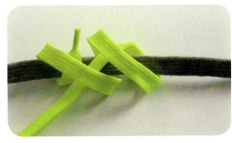

Noch einmal umschlagen, von unten in die Lücke zwischen die beiden Seile stecken.

Nach oben zuziehen – fertig!

# Knote dir deine Hängematte selbst

## Du brauchst:

**2 Dicke Seile**

Hier brauchst du
2 Stücke mit jeweils 3 m Länge
(ø des Seils mindestens 1 cm)

**Dünnes Seil**

Das Seil teilst du in 10 Stücke, 8 mit einer
Länge von jeweils 5 m, 2 mit jeweils 7,5 m.
(ø des Seils mindestens 0,5 cm)

**2 Stäbe***

Zollstock

Schere

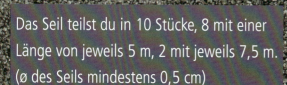

* Die Stäbe sollten beide circa 1 m lang sein
und einen Durchmesser von mindestens 5 cm haben.

①

Lege die Holzstäbe im Abstand von 2 Metern parallel auf den Boden, fixiere die dicken Seile mit einem Rundtörn mit 2 halben Schlägen (Seite 118) an den Enden der Stäbe.

②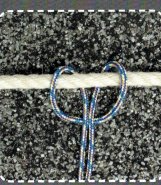

Fasse die 8 dünnen Seile jeweils in der Mitte, sodass du zwei gleiche Hälften von 2,5 Metern Länge erhältst, und knüpfe sie an eines der dicken Seile. Teile die zwei längeren Seilstücke nicht in der Mitte, sondern so, dass es einmal 5 Meter und einmal 2,5 Meter ergibt. Knüpfe diese beiden Seile als erstes (①) und letztes (⑩) Seil fest. Das lange Ende sollte jeweils ganz außen an der Stange liegen (A) und (T).

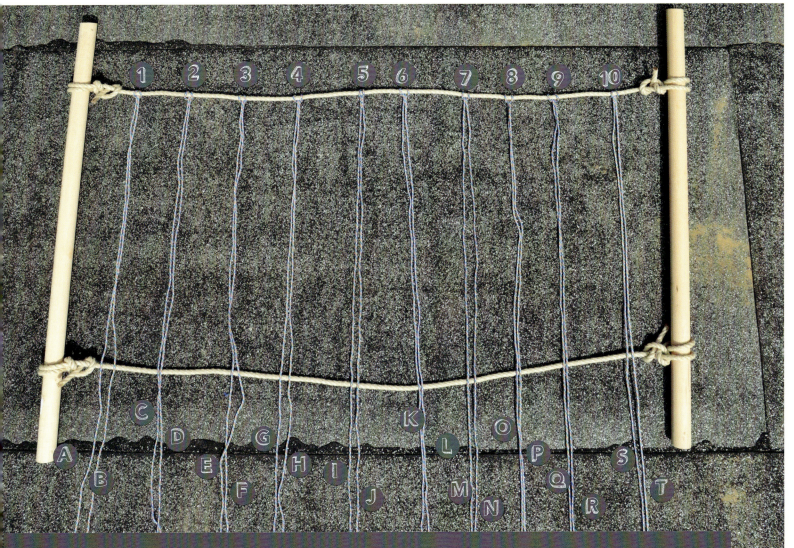

Du hast nun aus 10 Seilen 20 Seilstücke zum Knüpfen erhalten (① = Ⓐ+Ⓑ, ② = Ⓒ+Ⓓ usw.).

Befestige die
langen Seile A und T
das erste Mal an der Außenstange.

Nimm Seil B und C und verbinde Sie mit einem Kreuzknoten.
Dabei schlingst du Seil B das erste Mal über Seil C
und das zweite Mal unter Seil C hindurch und ziehst die beiden Schlingen fest.

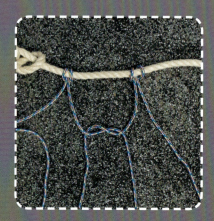

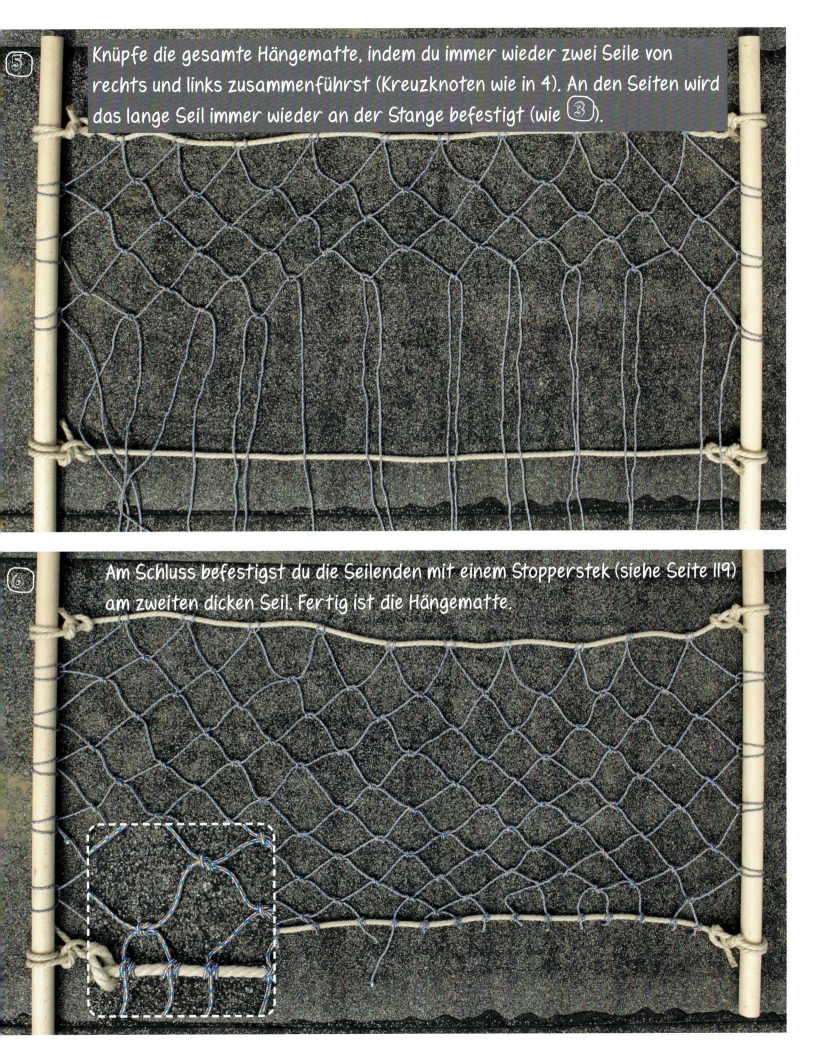

# WER WILL HOCH HINAUS?

Menschen haben offenbar den Wunsch, an den Wolken zu kratzen! Jedes Land ist stolz auf sein höchstes Bauwerk und in New York hat sich vor über 80 Jahren sogar ein richtiger Wettstreit zugetragen.

Walter Percy Chrysler stellte Autos her und wollte in New York einen Wolkenkratzer bauen, das Chrysler Building. Er war mit seiner Autofirma reich geworden und wollte nicht nur die Stadt mit einem aufsehenerregenden Bauwerk zieren, sondern auch seinen Kindern ein besonderes Erbe vermachen. Er plante also ein Hochhaus, das 282 Meter hoch war. Zur gleichen Zeit wurde aber in der gleichen Stadt ein Wolkenkratzer gebaut, der mit 283 Metern einen Meter höher war, der Trump Tower! Also überlegte Herr Chrysler mit seinen Architekten, wie sie ihr Hochhaus noch höher machen könnten, um den Wettkampf zu gewinnen. Heimlich bauten sie einen Masten und versteckten ihn zunächst im Inneren des Wolkenkratzers. In einer blitzschnellen Aktion, die nur eineinhalb Stunden dauerte, montierten sie dann die Spitze auf ihrem Wolkenkratzer und waren mit 319 Meter die Sieger beim Höhenwettstreit. Doch leider nur ein Jahr lang, denn dann wurde das Empire State Building gebaut. Es steht auch in New York und bestimmt hat sich Herr Chrysler jedes mal geärgert, wenn er daran vorbeilief!

Termiten bauen nicht nur ein Haus, sie bauen gleich eine ganze Stadt. In einem so hohen Bau können zwei bis drei Millionen Tiere leben. Der Bau ist auch unterirdisch noch weit verzweigt. Termiten sind sehr gut organisiert. Sie ernähren sich von einem Pilz, den sie im Keller des Baus selber züchten. Sie graben viele Meter tief nach Wasser und belüften ihren Bau perfekt.

Dieses Gebäude ist auch perfekt organisiert, es ist ein Hotel in den Arabischen Emiraten. Ursprünglich sollte es an der Küste gebaut werden. Das war aber nicht möglich, denn das Gebäude hätte auf die Häuser an der Küste einen viel zu großen Schatten geworfen. Es steht deshalb nun auf einer künstlichen Insel auf dem offenen Wasser.

# DIE HÖCHSTEN GEBÄUDE DER WELT

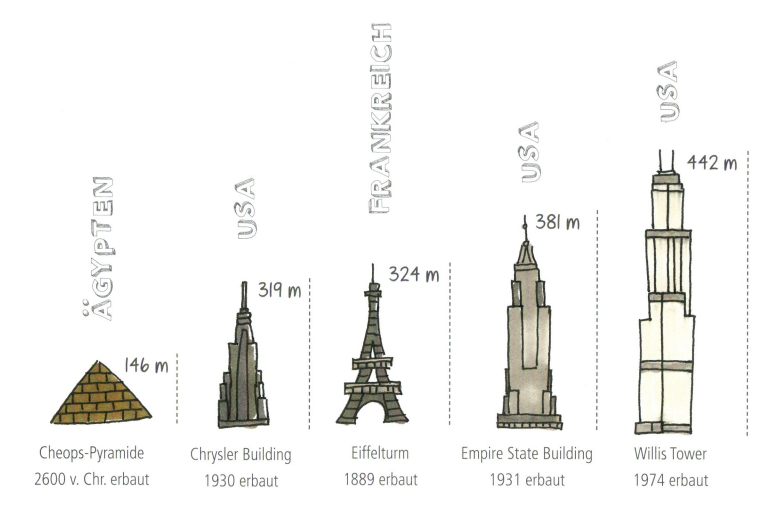

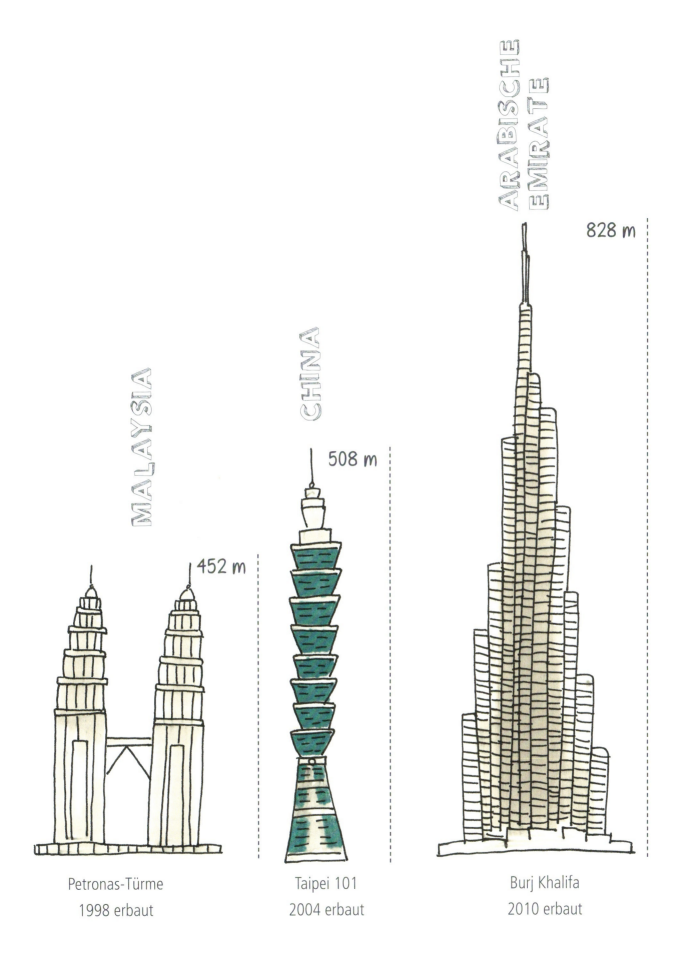

# GALILEO GALILEI

Mit seiner Muskelkraft allein kann der Mensch schwere Dinge nicht bewegen.
Um seine Kraft zu verstärken, hat er deshalb früh angefangen, sich Maschinen auszudenken.

## ?!

Es gibt drei einfache Maschinen, die jeweils mit einer eigenen Mechanik die vorhandene Kraft möglichst schlau für die Arbeit einsetzen.
Für alle drei gilt die Goldene Regel der Mechanik.
**Galileo Galilei** formulierte sie 1594:

==„Was man an Kraft spart, muss man an Weg zusetzen."==

## DER HEBEL

Mit dem Hebel kannst du mit etwas mehr Abstand das Gewicht nach unten drücken, damit der schwere Gegenstand hochgehoben wird. Das Drücken ist einfacher als das Heben.
Die Strecke, die du nach unten drücken musst, ist länger als die Strecke, die der Gegenstand nach oben gehoben wird. Aber du musst weniger Kraft aufwenden.

## DIE ROLLE

Mit Rollen kannst du die Kraft verteilen. Je mehr Rollen du nutzt, desto leichter wird es.
Dadurch wird die Strecke zwar von jeder Rolle zurückgelegt und dadurch viele Male so lang.
Aber du musst weniger Kraft aufwenden. Auch, weil die Rolle weniger Reibung verursacht.

## DIE SCHIEFE EBENE

Bist du schon einmal mit einem Fahrrad einen steilen Berg hinaufgefahren? Es geht einfacher, wenn du ihn über Serpentinen hinauf fährst. Der Weg ist viel länger, aber du brauchst weniger Kraft.

- - - - - - - - - - - - - - - - - - - - - - - - - - - - - - - - - - - - - - - - - -

Das **SEIL** oder die **STANGE** sind oft Bestandteile einfacher Maschinen.
Mit ihrer Hilfe kannst du dich vom Gewicht entfernen und die Kraft besser einsetzen.

# DIE BASIS ALLER WERKZEUGE

**Bis heute besteht jede mechanische Maschine aus einer Kombination von einfachen Maschinen.**

### FLASCHENZUG: Seil und Rolle

Je mehr Rollen er hat, desto leichter wird es, die Last hochzuheben.

### WELLENRAD: Hebel und Stange

Das Wellenrad kennst du gut. Glaubst du nicht? Schau dir mal deine Fahrradkette an.

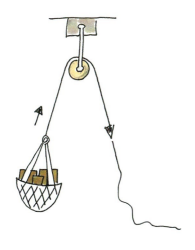

### KEIL: zwei schiefe Ebenen

Woran erinnert dich die Form? Genau: Auch bei der Klinge eines Beils oder Messers laufen zwei Ebenen spitz zusammen.

### SCHRAUBE: Stange und schiefe Ebenen

Die Schraube wurde in der Antike zu den fünf grundlegenden Maschinen gezählt.

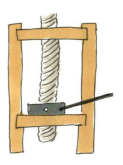

### ZAHNRAD: Wellenrad und schiefe Ebenen

Wie die Zähne im Mund sind diejenigen am Zahnrad auch nach oben hin schmaler. Dadurch ergibt sich eine „schiefe Ebene".

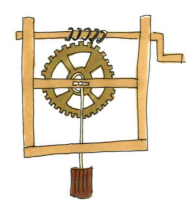

133

# SESAM ÖFFNE DICH

Der Tempeltüröffner von Heron von Alexandria kombiniert das Seil, das Rad und zusätzlich noch die Energie aus dem Feuer, um einen großen „Zauber" vorzuführen.

Der Altar, auf dem das Opferfeuer entzündet wurde, war innen hohl und mit einem darunter aufgestellten, teilweise wassergefüllten Kessel verbunden.
Brannte das Altarfeuer, so erhitzte sich die Luft in dem hohlen Altar, dehnte sich aus und drückte das in dem unteren Kessel befindliche Wasser durch die Rohrleitung nach oben.
Diese Rohrleitung war mit einem heb- und senkbaren Gefäß verbunden, sodass das überlaufende Wasser dieses Gefäß wieder sinken ließ.
Mit Rolle und Seil wurde das Absinken auf die Tempeltüren übertragen.
War das Altarfeuer wieder aus zog sich die Luft im Gefäß zusammen, sodass das Wasser zurückfließen konnte. Dadurch schlossen sich die Türen langsam wieder.

**Weil die Zuschauer vor dem Tempel nur das Feuer sehen konnten und nicht die Gegenstände unter der Erde, dachten sie, die Türen würden mit göttlicher Kraft geöffnet, wenn die Priester das Opferfeuer anzünden.**

# BAU DIR EIN KATAPULT

Beschleunige mittels mechanischer Energie Geschosse aus dem ruhenden Zustand.

## DU BRAUCHST:

9 Holzspatel, 6 Gummiringe, 1 Flaschendeckel, Zielscheiben *,
Papier, doppelseitiges Klebeband, Schere, 3 Schüsseln

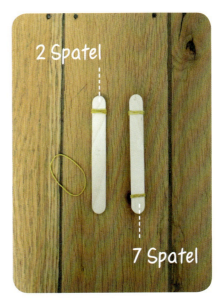

Nimm 2 Spatel und wickle einen Gummiring um ihre Enden. Nimm jetzt 7 Spatel und binde sie mit je einem Gummiring an beiden Enden zusammen.

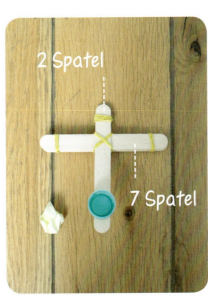

Schiebe die 7 Spatel am offenen Ende in die 2 Spatel. Nimm die beiden übrigen Gummiringe und fixiere mit ihnen die 9 Spatel überkreuz. Klebe den Flaschendeckel mit ein wenig Klebeband auf den oberen Spatel.

Kopiere die Nummernzielscheiben am Buchende und schneide sie aus. Lege sie in die Schüsseln. Knüll das Papier zusammen und leg es in den Deckel, drücke den Spatel mit dem Finger hinter dem Deckel nach unten. Zielen und loslassen!

* Die Vorlage findest du am Buchende.

Bau dir ein Haus, einen Turm, ....
# Du brauchst:

Schere

Trinkhalme

MARSHMallows

① Schneide die Trinkhalme in der Mitte durch.

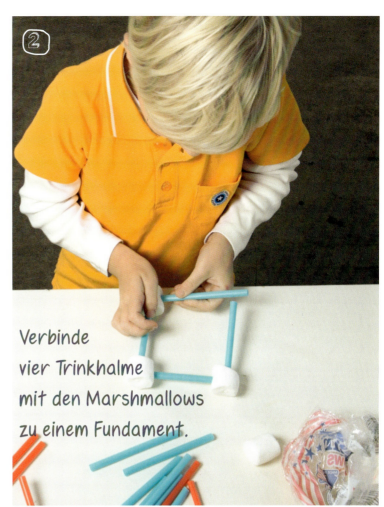

② Verbinde vier Trinkhalme mit den Marshmallows zu einem Fundament.

④ Baue auf das Fundament...

... einen kleinen Turm ...

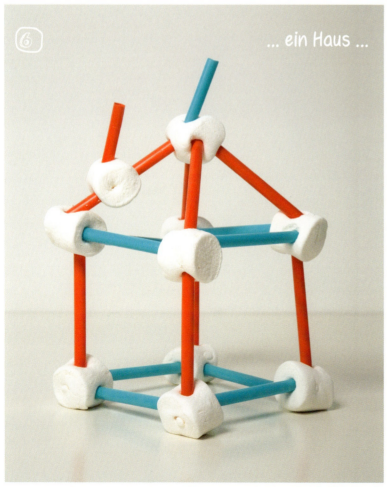

... ein Haus ...

... oder den größten Marshmallow-Turm der Welt.

8 Ringösen

Erleichter dir das Heben
und bau einen Flaschenzug.
## Du brauchst...

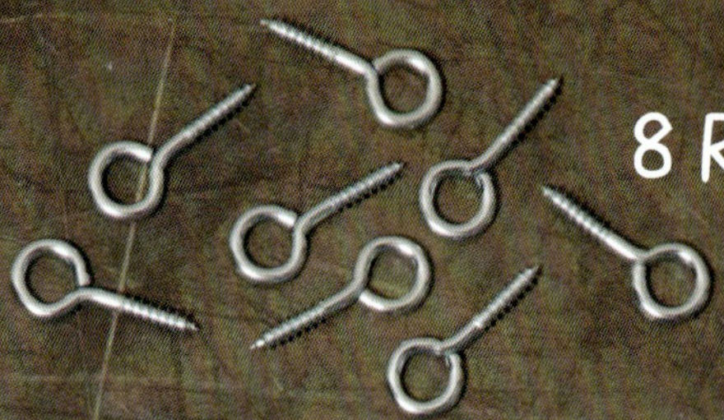

Seil

2 Holzstücke
Verwende bei zu harten Holzarten
ein spitzes Werkzeug
zum Vorbohren der Löcher.

Schraube in eine Seite jedes Holzstücks jeweils drei Ringösen ein.

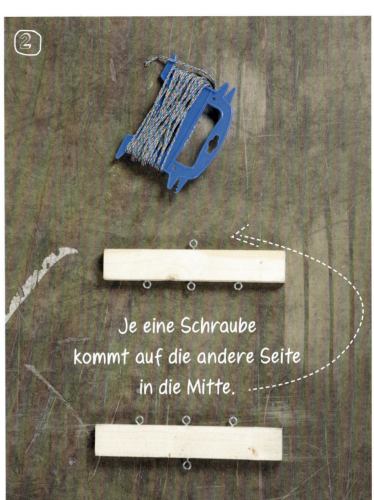

Je eine Schraube kommt auf die andere Seite in die Mitte.

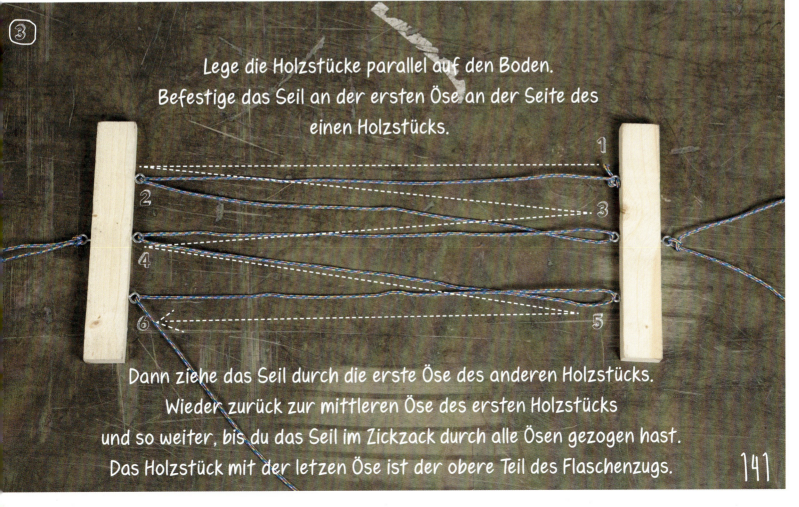

Lege die Holzstücke parallel auf den Boden. Befestige das Seil an der ersten Öse an der Seite des einen Holzstücks.

Dann ziehe das Seil durch die erste Öse des anderen Holzstücks. Wieder zurück zur mittleren Öse des ersten Holzstücks und so weiter, bis du das Seil im Zickzack durch alle Ösen gezogen hast. Das Holzstück mit der letzen Öse ist der obere Teil des Flaschenzugs.

# WER MACHT HIER DIE

Hört man die Bezeichnung „Lachmöwe", denkt jeder gleich, diese Möwe würde bestimmt den ganzen Tag lachen und kichern oder zumindest Geräusche von sich geben, die so klingen. Aber weit gefehlt, denn die Möwenart ist nicht nach dem Gelächter benannt, sondern nach Wasserlachen. Lachen sind kleine Wasseransammlungen, man könnte auch Pfütze dazu sagen. In ihnen steht das Wasser nicht besonders tief, und Lachmöwen bauen ihre Nester eben bevorzugt in das wenig tiefe Wasser am Rand von Flüssen, Bächen und Seen.

Die Lachmöwe lebt aber auch am Meer, am liebsten natürlich im flachen Watt, wie zum Beispiel auf der Insel Baltrum. Dort ist die größte Lachmöwenkolonie Deutschlands, wo man jedes Jahr die Verwandlung der Möwe beobachten kann: Ihre schokobraune Gesichtsmaske trägt sie nämlich nur von etwa März bis August! Denn sie ist Teil des Prachtkleids, mit dem sich die Möwe zur Paarungszeit herausputzt. Im Winter verschwindet die Maske und zurück bleibt nur ein schwarzer Fleck, der wie ein Ohr aussieht. So könnt ihr die Lachmöwe in jeder Jahreszeit von anderen Möwen unterscheiden.

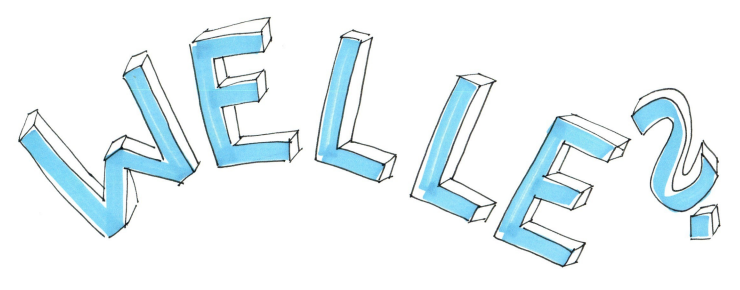

Die Lachmöwe baut ihr Nest als Teil einer Kolonie von Artgenossen auf dem Wasser. Gerne macht sich ein Möwenpärchen auf den Pflanzen breit, die im Winter an das Ufer getrieben wurden und hängenblieben.
Dann tragen die Möwen noch Schilf zusammen, drehen eine Mulde in den Pflanzenhaufen und legen zwei bis drei, manchmal auch vier Eier in ihr Nest.

Die Küstenlandschaft des indischen Bundesstaates Kerala ist mit einem dichten Netz von Wasserstraßen durchzogen, auf denen viele Güter transportiert werden. Insgesamt haben diese Wasserstraßen eine Länge von über 1.500 Kilometern. Auf ihnen dauert die Fahrt oft mehrere Tage. In einem Kettuvallam, einem traditionellen Hausboot aus Holz, kann man es sich auf der Fahrt bequem machen.

# VOLUMEN, DICHTE, WASSERVERDRÄNGUNG

==Rate mal! Was schwimmt und was sinkt?==

|  | schwimmt | sinkt |
|---|---|---|
| Vogelfedern | ☐ | ☐ |
| Blätter | ☐ | ☐ |
| Steine | ☐ | ☐ |
| Knetmasse | ☐ | ☐ |
| Holzstücke | ☐ | ☐ |
| Murmeln | ☐ | ☐ |
| Schiffe | ☐ | ☐ |
| dein Badeschwamm | ☐ | ☐ |

Weißt du es sicher? Probiere es aus!

! Kleine Steine sinken und riesige Schiffe aus Stahl schwimmen? Wie geht denn sowas? Ob etwas schwimmt oder sinkt hat nicht unbedingt damit zu tun, ob es leicht oder schwer ist. Nein, die sogenannte „DICHTE" ist der Grund. Die Dichte ist das Verhältnis der Masse des Körpers zum Volumen des Körpers – also etwas einfacher gesagt: Das Gewicht eines Gegenstands im Verhältnis zu seinem Rauminhalt, also wie viel Platz er im Raum einnimmt.

# EXPERIMENT

3 gleich große Kugeln aus drei verschiedenen Materialien
werden aufs Wasser gesetzt. Was passiert?

### STAHLKUGEL
Die Kugel aus Stahl sinkt.

### HOLZKUGEL
Die Kugel aus Holz schwimmt und sinkt nur wenig ein.

### STYROPORKUGEL
Die Kugel aus Styropor schwimmt auf der Oberfläche.

## Warum?
Die Dichte von Stahl ist größer als die Dichte von Wasser.
Die Dichte von Holz ist kleiner als die Dichte von Wasser.
Die Dichte von Styropor ist kleiner als die Dichte von Wasser.

## Was zeigt das Experiment?
Hat ein Körper eine größere Dichte als Wasser, sinkt er.
Hat ein Körper eine geringere Dichte als Wasser, schwimmt er.

# WASSER IST ECHT SCHWER

Hast du schon einmal eine Gießkanne getragen?
Dann weißt du, dass Wasser ganz schön schwer ist.

Stell dir ein Boot vor! Und jetzt stell dir vor, es wäre aus Wasser.
Dann wäre es ganz schön schwer. Das echte Boot ist **leichter** als es die gleiche Form aus Wasser wäre.
Deshalb **schwimmt** das Boot.

Stell dir einen Würfel aus Stahl vor! Und jetzt stell dir vor, er wäre aus Wasser.
Der Würfel aus Stahl ist **schwerer** als derselbe Würfel aus Wasser.
Daher **geht** der Stahlwürfel **unter**.

Aber: Manche Gegenstände, die sinken, können so verformt werden, dass sie schwimmen.

# PROBIER MAL

Forme aus Knete eine Kugel. Setze sie aufs Wasser.
Was passiert? Sie sinkt!

Forme nun aus derselben Knete ein Boot mit dünnen Wänden.
Was passiert? Es schwimmt!!!

KUGEL — BOOT

### WARUM?
Die Masse, vereinfacht gesagt das Gewicht der Knete, ist gleich geblieben.
Aber weil du ein Boot geformt hast, hast du das Volumen vergrößert.
Daher schwimmt ein Boot aus Knete und eine Kugel aus Knete sinkt.

### Dasselbe gilt für Schiffe:
Würdest du die vielen Tonnen Stahl, die man braucht, um ein großes Schiff zu bauen, als großen Würfel auf das Wasser setzen, würde er sofort untergehen. Baut man daraus allerdings ein Schiff, schwimmt der Stahl. **Du weißt auch warum:** Der Stahl des Bootes und die Luft im Boot
sind gemeinsam leichter als das „Boot aus Wasser", das du dir wieder vorstellen kannst.

# ARCHIMEDES UND DER AUFTRIEB
Damit ein Gegenstand schwimmen kann, ist aber noch eine zweite Kraft von Bedeutung.
Der griechische Physiker Archimedes hat sich schon vor über 2.000 Jahren den Kopf
darüber zerbrochen. Weißt du, was er herausgefunden hat?
Taucht man einen Gegenstand ins Wasser, wird er scheinbar leichter.
Das Wasser drückt von unten stärker auf den Gegenstand, als von oben auf ihn gedrückt wird.
Die Kraft, die den Körper nach oben drückt, nennt man Auftriebskraft oder kurz einfach Auftrieb.

Das kannst du auch selbst ausprobieren. Hebe deine Freundin oder deinen Freund im Schwimmbecken hoch.
Das geht leicht, stimmt's? Und nun versuche sie oder ihn im Trockenen hochzuheben.
Merkst du den Unterschied?

# Was du für ein Boot BRAUCHST...
## schau selbst :)

Suche dir Sachen, aus denen du ein Boot bauen kannst, das schwimmt.

① Wenn du dir Styropor ausgesucht hast, setze dich am besten in die Garage oder frag deine Eltern, wo du diese fusselige Arbeit erledigen kannst.

Und jetzt kann's losgehen.

Du brauchst hier keine Anleitung,
erlaubt ist, was gefällt!!!

Mit Freunden
macht das Basteln
noch mehr Spaß,
und am Ende habt ihr eine
stattliche Flotte!

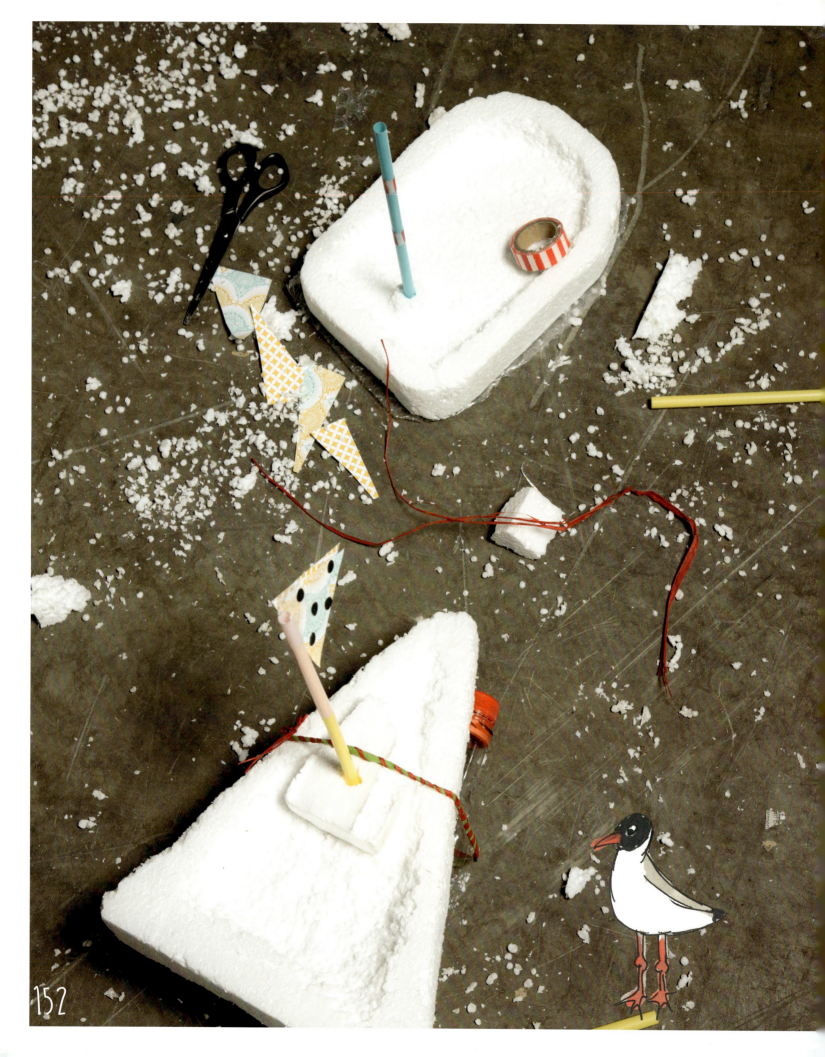

# EINFACH MAL AB HÄNGEN

Hast du dir schon mal vorgestellt, wie toll es sein muss, nicht auf der Erde, sondern stattdessen hoch oben in den Kronen der Bäume zu leben? Orang-Utans sind solche waschechten Baumbewohner, anders als die meisten anderen Affenarten. Sogar ihre Körper haben sich dieser Lebensweise perfekt angepasst: ihre Arme sind ungewöhnlich lang, die Beine dagegen nur sehr kurz. So können sie sehr gut und weit greifen und sich mühelos von einem Baum zum nächsten schwingen – richtig geschickte Kletterprofis! Am Boden sieht man Orang-Utans deshalb auch eher selten, sie verbringen fast ihr gesamtes Leben auf den Bäumen tropischer Regenwälder. Dort bauen sie sich auch zum Schlafen Nester aus Zweigen und Blättern, die bis zu einen ganzen Meter Durchmesser haben können.

Übersetzt heißt „Orang-Utan" übrigens so viel wie „Waldmensch".

Der Orang-Utan baut sich hoch in den Bäumen jeden Tag ein neues Schlafnest.
Dort ist er vor Feinden geschützt und findet Ruhe für die Nacht.
Für sein Nest verbindet er sehr geschickt starke Äste in den Baumkronen,
die sein Gewicht tragen können. So ein Orang-Utan wiegt immerhin bis zu 100 kg!
Da sie sich jeden Tag ein neues Bett bauen, sind sie auf diesem Gebiet wahre Experten!

Ein Baumhaus sieht niemals aus wie ein anderes. Baumhäuser entstehen nicht auf dem flachen Boden, auf dem man mehrere Häuser in gleicher Weise bauen kann. Jeder Baum ist anders und daher auch jedes Baumhaus. Wichtig ist nur, dass man hoch über dem Boden wohnt.
Wenn man die Leiter hochzieht, kommt keiner so schnell rein.

# EIN BALANCEAKT

Hast du schon mal versucht, auf einer schmalen Mauer zu balancieren?
Dann hast du gemerkt, dass es wichtig ist, den Körper gerade über der Mauer
zu bewegen und nicht zu sehr zu einer Seite zu kippen.
Du musst das GLEICHGEWICHT halten.

Das Gleichgewicht verhindert, dass ein Körper zu einer Seite nach unten fällt,
weil die Schwerkraft der Erde ihn dort hinzieht.

### Probieren geht über Studieren
Es gibt drei Arten von Gleichgewicht.
Du kannst es selbst mit einer Kugel ausprobieren

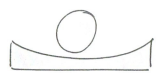 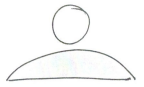 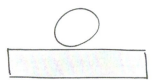

Liegt die Kugel in einer Schale, hat sie ein STABILES oder festes Gleichgewicht. Wenn du sie anstößt, wird sie irgendwann wieder in der Mitte an derselben Stelle liegenbleiben.

Liegt die Kugel auf einer Kuppe, dann liegt sie in einem LABILEN oder schwachen Gleichgewicht. Wenn du sie anstößt, rollt sie auf der Schräge nach unten und kommt von alleine nicht wieder hoch.

Liegt die Kugel auf einer geraden Fläche, ist es ein INDIFFERENTES Gleichgewicht. Ein „Weiß nicht genau"-Gleichgewicht. Wenn du die Kugel anstößt, bleibt sie irgendwo an einer Stelle in einem neuen Gleichgewicht liegen.

# GLEICHGEWICHT

**Du kannst beim Bauen Gegenstände davor bewahren, schnell herunterzufallen oder umzufallen, indem du sie gerade aufbaust und nicht schräg.**

Der schiefe Turm von Pisa steht auf einem schrägen Boden. Er senkt sich immer mehr und irgendwann wird er umfallen.

An der Decke des Turms ist ein Pendel befestigt, das senkrecht nach unten hängt. Es trifft nicht in der Mitte auf, sondern berührt mittlerweile fast die Innenwand des Turmes.

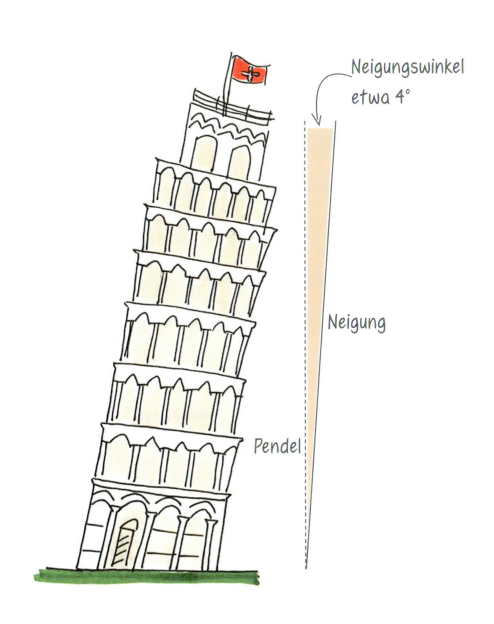

Neigungswinkel etwa 4°

Neigung

Pendel

# IST DAS GERADE?

Ob die Ebene, auf der du baust, gerade ist,
kannst du mit einer Wasserwaage ausmessen.
Auch wenn es eine Waage ist, sagt man „messen" und nicht „wiegen".
Eine gerade Ebene heißt auch ==WAAGERECHT.==

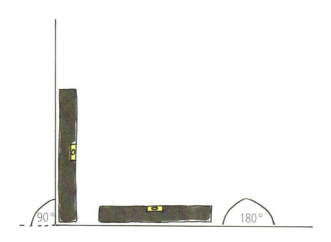

## „WASSER" WAAGE

Eine Waage aus Wasser haben sich bereits die Ägypter ausgedacht,
damit der Boden unter ihren großen Pyramiden gerade ist. Sie haben um das Rechteck, auf dem sie bauen wollten, einen Graben ausgehoben und ihn mit Wasser gefüllt. Dann haben sie die Erde überall in der Höhe des Wasserspiegels abgehoben. Wasser steht immer gerade, nie schräg.

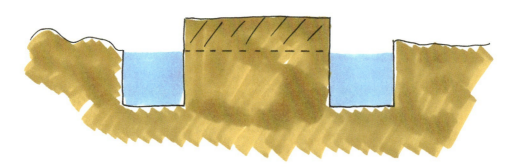

Der gestrichelte Teil wurde abgetragen
und darauf die Pyramide errichtet!

Diese Wasserwaage misst mit einer Genauigkeit von 2 cm.

160

# KENNST DU RECHTE WINKEL?

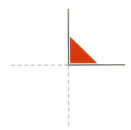 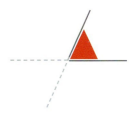

**Das ist ein rechter Winkel**

Denkst du dir die Linien in die andere Richtung weiter, entsteht ein Kreuz.
Rechte Winkel findest du bei Tischen, Buchseiten, Türen.
Wenn etwas senkrecht gerade steht, bildet es mit dem Boden einen rechten Winkel. Ein rechter Winkel hat 90°.

**Das ist kein rechter Winkel**

Er hat weniger als 90°.
Eine Linie steht nicht senkrecht auf der anderen.

# ALLES IM LOT

Ob eine Wand gerade steht, kannst du am besten mit einem Schnurlot überprüfen.
Das Lot ist eine stehende Gerade.
**Diese Linie heißt auch SENKRECHT.**

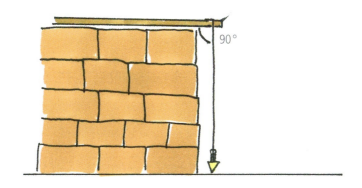

Die Redensart „Alles im Lot" bedeutet also, dass alles in Ordnung ist.

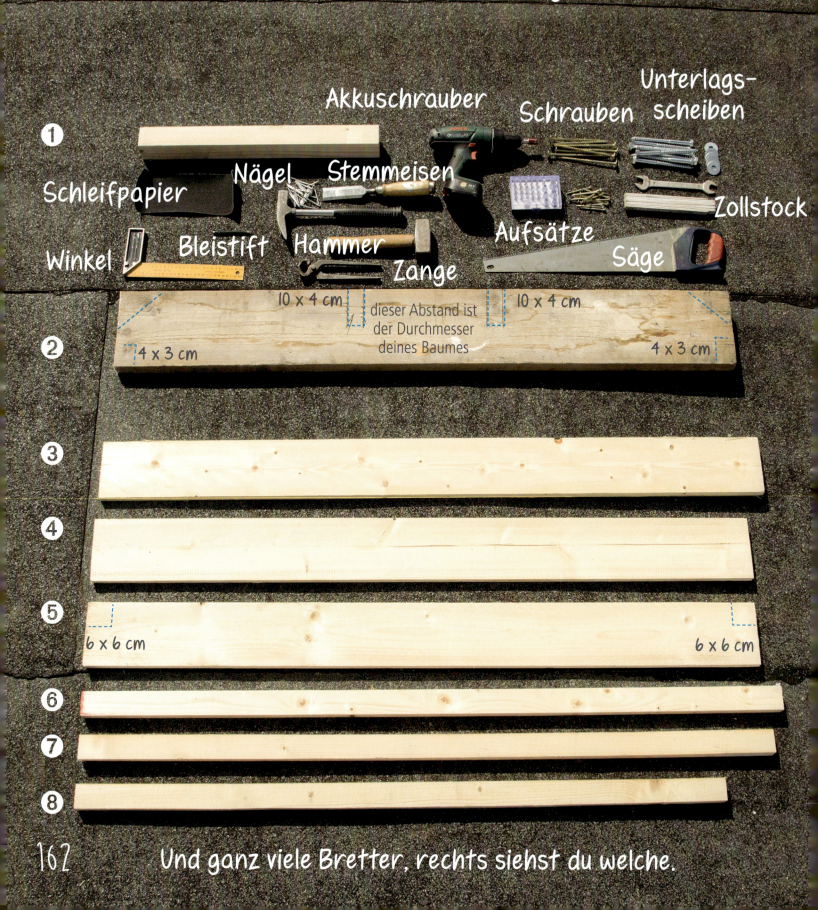

# MATERIALLISTE

**1**
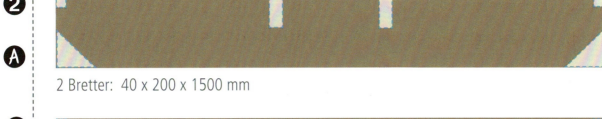
4 Leisten: 58 x 58 x 600 mm

**2**

**A**

2 Bretter: 40 x 200 x 1500 mm

**B**

2 Bretter: 40 x 200 x 1500 mm

**3**

2 Bretter: 23 x 140 x 1546 mm

**4**

9 Bretter: 23 x 140 x 1500 mm

**5**

2 Bretter: 23 x 140 x 1500 mm

**6**

2 Leisten: 30 x 50 x 1560 mm

**7**

2 Leisten: 30 x 50 x 1500 mm

**8**

4 Leisten: 30 x 50 x 1384 mm

**9** 8 Sechskantholzschrauben 12 x 160 mm

**10** 8 Unterlegscheiben 12,5 mm

**11** 16 Universalschrauben 10 x 90 mm

**12** 100 Universalschrauben 5 x 70 mm

**13** 100 Universalschrauben 4 x 45 mm

Such dir einen Baum aus und miss den Umfang (U). Jetzt errechne den Durchmesser (D)

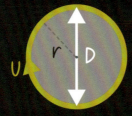

$$\frac{\text{Umfang}}{(2 \times \pi)} = \text{Radius}$$

Radius x 2 = Durchmesser

π ist eine Zahl mit unendlich vielen Stellen hinter dem Komma, wir haben sie auf 3,14 gerundet. π steht für das Verhältnis vom Umfang des Kreises zu seinem Durchmesser. Ein Kreis mit einem Durchmesser von 1 hat einen Umfang von π.

Nimm die 4 Bretter mit den Maßen 40 x 200 x 1500 mm. Auf der Materialliste haben sie die Nr ❷. Zeichne mit dem Winkel, die Ecken und die Ausschnitte, wie in der Materialliste angegeben, ein. Achtung, achte auf Ⓐ und Ⓑ.

Von der Mitte der Bretter aus zeichnest du den Durchmesser des Baumes ein, rechts und links davon kommen die 10 x 4 cm großen Ausschnitte hin. Säge hier rechts und links entlang, den Rest mit dem Stemmeisen herausstemmen.

Säge die Ecken ab.

Die Ausschnitte am Ende der Bretter nur von einer Seite ansägen ...

... und dann entlang der Faser mit dem Stemmeisen herausbrechen, ⇨ so bekommst du gerade Kanten.

Schleife die Kanten ab.

Nimm die 4 Bretter (Nr ❷) und stecke sie ineinander.

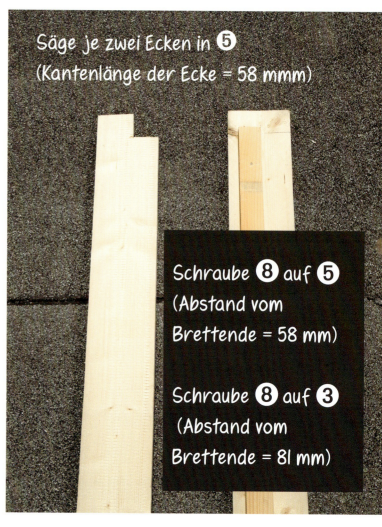

Säge je zwei Ecken in ❺ (Kantenlänge der Ecke = 58 mmm)

Schraube ❽ auf ❺ (Abstand vom Brettende = 58 mm)

Schraube ❽ auf ❸ (Abstand vom Brettende = 81 mm)

Schraube ❶ auf ❸.

# ANSICHT
## mit Schraubenmarkierungen

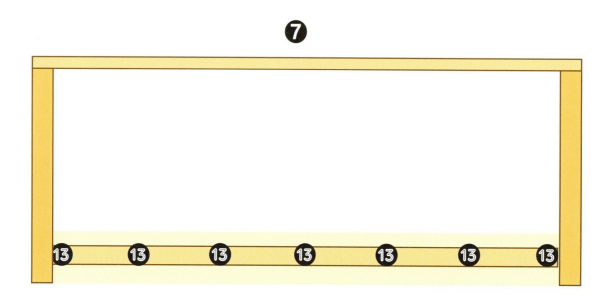

**BRETTERKOMBI 1**

❺ mit ❽ rechts und links Leiste ❶

**BRETTERKOMBI 2**

❸ mit ❽

Von **BRETTERKOMBI 1** und **BRETTERKOMBI 2** gibt es jeweils 2 Stück.

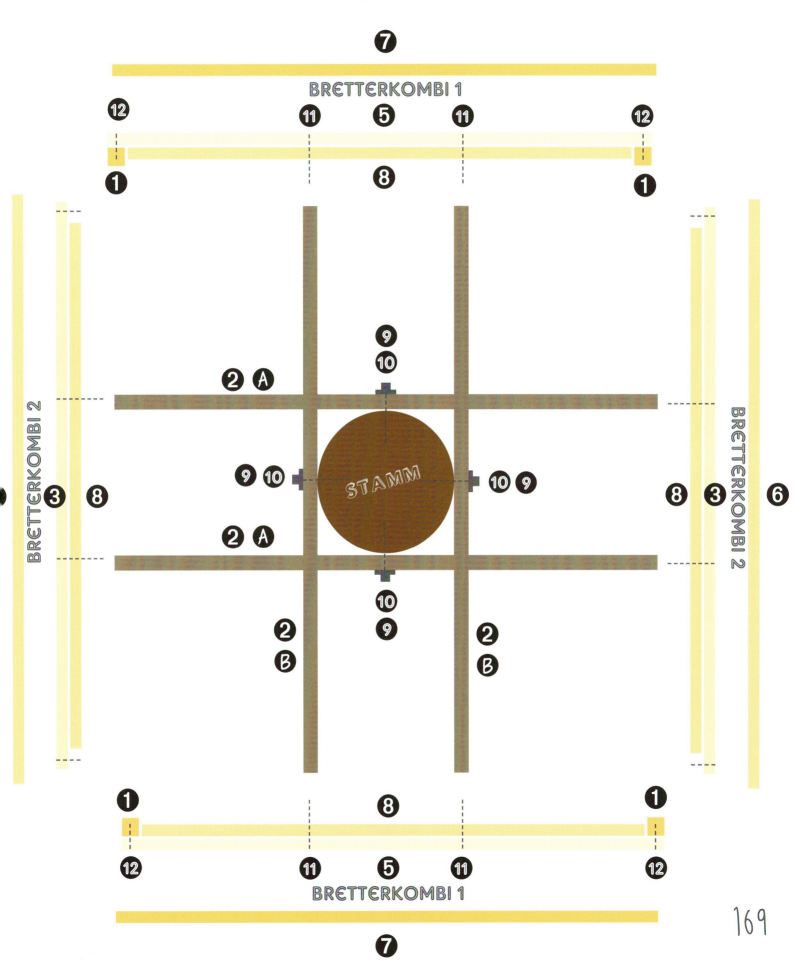

Befestigt kleine Bretter mit einer Schraubzwinge am Baum...

... damit ihr die Bretter auflegen könnt und nicht so lange mit vollem Gewicht halten müsst ...

Steckt die Bretter ❷ Ⓐ und ❷ Ⓑ um den Baum herum zusammen.

Die Wasserwaage zeigt dir immer, ob es gerade ist.

Loch bohren, Holzschrauben mit Unterlegscheibe 10 + 11 einstecken

... schlage die Schraube 10 zuerst mit dem Hammer ein.

Zieht sie jetzt richtig fest.

Schraube an zwei gegenüberliegenden Seiten die **BRETTERKOMBIS 1** an.

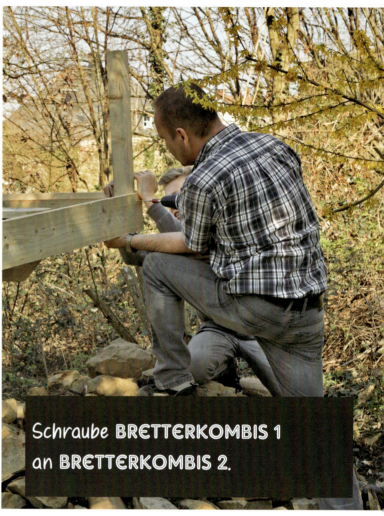

Schraube **BRETTERKOMBIS 1** an **BRETTERKOMBIS 2**.

Schraube mit ⓭ die Bretter ❹ an der Unterkonstruktion an.

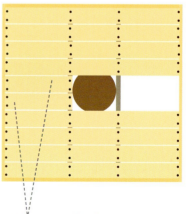

Fixiere die **BRETTERKOMBIS** mit ⓭ an den Brettern ❷ Ⓐ und ❷ Ⓑ.

Aus einem Brett musst du zwei kurze schneiden, damit sie neben den Baumstamm passen. Auf der anderen Seite entsteht deine Luke, durch die du mit einer Leiter steigen kannst.

Zuletzt die Latten ❷ als Geländer anbringen – ist sicherer.

**COOL**
Am Geländer hält der Flaschenzug* richtig gut.
*Anleitung auf Seite 140

# DIE MACHT ES SICH LEICHT

Wer kennt das nicht: Kaum hat der Sommer begonnen und man will im Garten ein leckeres Eis, ein Stück Kuchen oder ein Glas kühle Limonade genießen, da schwirren sie auch schon um einen herum, die kleinen schwarz-gelben „Quälgeister". Wespen werden nämlich vor allem vom süßen Duft von Obst, Süßspeisen oder zuckerhaltigen Getränken angelockt. Sich davon dann nicht stören zu lassen, das ist gar nicht so einfach.

Trotzdem bleibt man bei „Wespen-Alarm" am besten ganz ruhig, denn normalerweise stechen Wespen uns Menschen nur, wenn sie sich von uns angegriffen fühlen. Also besser nicht hektisch herumfuchteln oder sogar versuchen, die Tiere wegzupusten. Ein Wespenstich kann nicht nur unangenehm brennen, sondern besonders für Allergiker sogar gefährlich werden. Außerdem sollte man natürlich unbedingt darauf achten, keine Wespe aus Versehen zu verschlucken.

Zum Glück hat die Wespe eine sehr auffällige Farbe und ist deshalb gut sichtbar. Ihre leuchtende Farbe ist aber vor allen Dingen eine deutliche Warnung an ihre Fressfeinde: in der Welt der Tiere signalisieren auffällige Farben, dass diese Tiere gefährlich oder giftig sind.

Diese abschreckende Wirkung der leuchtenden Farbe machen sich andere „Insektenkollegen" wie zum Beispiel einige Schwebfliegenarten zunutze. Im Gegensatz zur Wespe sind diese zwar vollkommen harmlos (sie besitzen keinen Giftstachel), aber ihre schwarz-gelbe Farbe erweckt den Eindruck, sie wären ebenfalls gefährlich oder giftig. Ihre Fressfeinde lassen sich davon täuschen und lassen sie daher im Zweifel lieber in Ruhe. Diese Nachahmung zum Schutz nennt man „Mimikry".

Das hat die Natur doch sehr schlau eingerichtet: Gut getarnt ist halb gewonnen!

Wespen haben starke Kiefer, die sie auch beim Bau ihres Nestes einsetzen. Damit zerkleinern sie Holzfasern und vermischen diese mit ihrem Speichel. So entsteht ein Brei, aus dem das Nest gebaut wird. Wenn der Brei trocknet, sieht es aus wie feines Papier. Die Nester sind grau, andere bräunlich oder gelblich, je nachdem, welches Holz die Wespen zerkleinern.

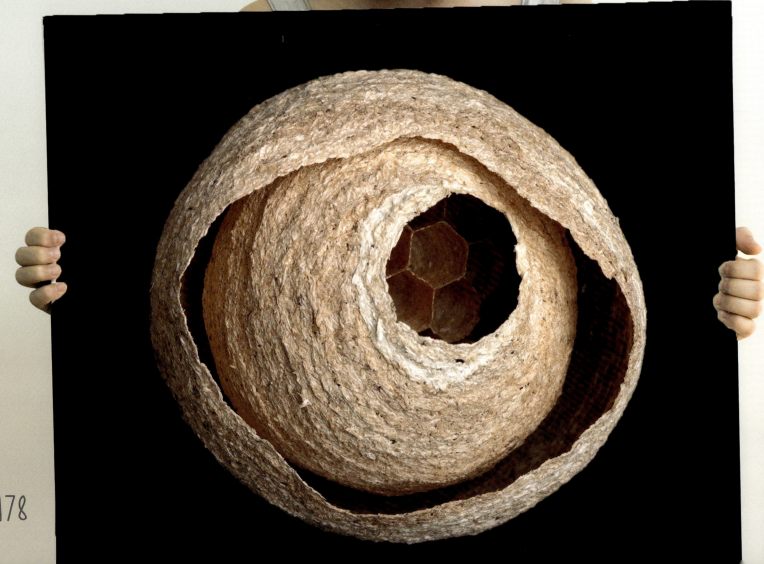

Obstkartons, Einkaufszettel, die Zeitung von gestern –
das alles wird bald zu Altpapier. Und dann?
Dann kann man auch ein Haus daraus bauen, haben sich
die Architektenbrüder Dratz gedacht. Sie haben viel experimentiert:
Wie stabil ist Papier? Wie schützt man das Bauwerk vor
Feuchtigkeit? Und dieses Gebäude ist
daraus entstanden.

# ES WERDE LICHT

## Woher kommt das Licht in einem Haus?

Lampen kannst du, wenn du Licht brauchst, an- und ausmachen. Viel Licht gibt uns auch die Sonne. Sie steht aber nicht jeden Tag in gleicher Weise am Himmel.

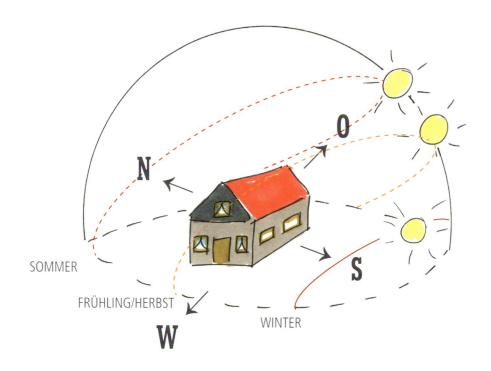

Wenn die Sonne im Sommer hoch am Himmel steht, dann ist sie auch viel wärmer. Daher müssen wir im Sommer die Räume im Haus vor zu viel Sonne schützen.

## Hast schon einmal einen Papierlampion gebaut?

Dann hast du gemerkt, dass Papier den Wind draußen und die Wärme innen hält, aber das Licht durchlässt. Papierjalousien lassen auch Licht durch. Die blendenden Strahlen und die Wärme der Sonne halten sie jedoch ab. Papier ist nicht **DURCHSICHTIG**, aber es kann **TRANSPARENT** sein.

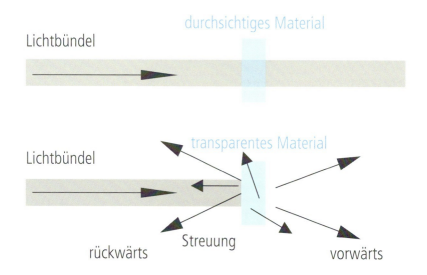

Papier ist leicht, lässt sich gut schneiden, biegen, knicken.
Deshalb kann man schöne Lampenformen daraus machen. Du kannst eine Postkarte so formen,
dass du hindurchsteigen kannst. Du weißt nicht wie? Dann schau es dir an:

Knicke die Postkarte längs.

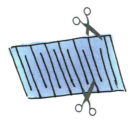

Schneide mindestens 12 Mal, abwechselnd von oben und von unten hinein.
➥ Nicht ganz durchschneiden, 1 cm Platz bis zum Ende der Karte sollte bleiben.
Schneide den ersten und letzten Schnitt von der gefalteten Seite aus.

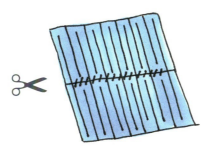

Falte die Karte auf und schneide den Falz auf.
ACHTUNG ➥ 1 Streifen rechts und links muss ganz bleiben!

Falte die Karte auf, jetzt hast du einen riesigen Papierrahmen,
durch den du locker hindurchgehen kannst.

Weil Papier so schön leicht ist, kannst du dir daraus auch ganz leicht ein Möbel bauen,
durch das man nicht sehen kann, was du nicht zeigen willst: **Bau dir einen Paravent!**

# FREUNDE

4 lange Vierkanthölzer

8 lange Schrauben

Schraubendreher

4 kurze Vierkanthölzer

Locher

# DU BRAUCHST:

Klebe-, Isolierband oder Maskingtape

**MINI** Schraubendreher

 8 Winkel mit Schrauben

**6 PAAR** Schnürsenkel brauchst du mindestens

**ALTE** Tapeten

Lege mit 2 langen und 2 kurzen Hölzern ein Rechteck.

Schraube an allen vier Ecken den Rahmen mit einer langen Schraube zusammen.*

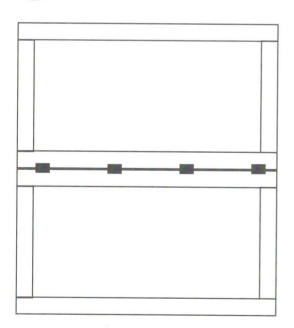

Wenn du die beiden Rahmen fertig hast, lege sie nebeneinander und schraube die Winkel fest.

* In weiches Holz kannst du leicht schrauben, wenn das Holz aber zu hart ist, musst du ein Loch vorbohren.

So sieht das fertige Grundgerüst aus. Wenn du hinter dem Paravent viel verstecken möchtest, bau einfach noch weitere Rahmen an.

Jetzt brauchst du die Tapeten, Klebebänder, die Schere, den Locher und die Schnürsenkel.
Die Tapete rollst du aus und schneidest sie ein wenig kürzer als das Innenmaß deines Rahmens.

SCHNELL UMBLÄTTERN, JETZT KOMMT DER FEINSCHLIFF

④ Denk dir ein Muster aus und klebe es mit Klebeband auf die zurechtgeschnittene Tapete.

⑤ Ein zweites Muster bringt etwas Abwechslung...

⑥ Mit dem Locher am Rand der Tapete 3 oder mehr Löcher machen.

⑦ Binde mit den Schnürsenkeln die Tapete an den Rahmen.

# DAS PERFEKTE VERSTECK

# WER IST DER TOLLSTE

In Bayern lebte im 19. Jahrhundert ein König namens Ludwig II., der ein ganz besonderes Ziel hatte: Er wollte ein Schloss bauen, das wie eine perfekte, märchenhafte Ritterburg aussah.

Auf Reisen hatte er schon einige Burgen und Schlösser besichtigt und fand sie ganz nett anzusehen, aber sein Schloss sollte das allerschönste werden. Er sammelte in Deutschland und in Frankreich Ideen, um sich nach seiner Heimkehr mit einem Architekten zusammenzusetzen. Gemeinsam entwarfen sie erste Pläne für Ludwigs Märchenschloss, das Schloss Neuschwanstein, mit dessen Bau 1869, also vor knapp 150 Jahren, begonnen wurde.

Langsam ging der Bau voran, aber Ludwig hatte sehr genaue Vorstellungen und schlug so lange neue Änderungen vor, bis er es sich nicht mehr leisten konnte, weiterzubauen. Mt jeder Änderung wurde das Schloss teurer und schließlich war Ludwig II. pleite. Dabei war das Gebäude so unpraktisch! Denn ein ganzer Hofstaat hätte nie in dieses Schloss gepasst, nur der König und seine Diener hatten Platz. Weil es aber so beeindruckend ist, ist es bis heute eine Attraktion und zieht viele Touristen an.

Vielleicht dachte sich Ludwig II. schon damals:
Unpraktisch? Was macht das schon!
Hauptsache, es ist schön anzuschauen!

Der Laubenvogel ist ein Meister darin, schöne Nester zu bauen.
Damit beeindruckt er das Weibchen, damit es ihn wählt. Er gestaltet sogar den Vorgarten.
Er sammelt Gegenstände in der gleichen Farbe, auch aus Glas oder Plastik, und dekoriert damit
den Zugang zu seinem Nest. Was für ein Empfang!

Der indische Großmogul Shah Jahan wollte 1631 zeigen, wie sehr er seine verstorbene Frau geliebt hat. Er ließ für sie eine wunderschöne Moschee auf ihrem Grab erbauen, das Taj Mahal. Es steht in der indischen Stadt Agra. In der islamischen Religion werden keine Menschen und Tiere in Bildern gezeigt. Das Grabmal ist überall mit kunstvollen Ornamenten geschmückt.

# BEEINDRUCKEND

Es gibt Gebäude, die zwar alt sind, aber noch heute als sehr bedeutend gelten. Sie sind mit viel Aufwand entstanden und zeigen uns, wie groß der Wunsch immer schon war, ganz besondere Gebäude zu erschaffen – besonders für mächtige Herrscher und Götter.

Vor ca. 4.600 Jahren waren die ägyptischen Pyramiden Grabstätten für die Pharaonen (ägyptische Herrscher). Sie galten als Söhne der Himmelsgottheiten, waren also halb Gott, halb Mensch. Kein Wunder, dass sie solche Gebäude als Grab bekamen.

Vor fast 2.000 Jahren fasste das Kolosseum in Rom 30.000 Zuschauer. Die Arena hatte eine aufwändige Bühnentechnik mit Aufzügen, Falltüren, Gängen und Rampen. Hier bot der Herrscher Roms seinem Volk große Shows, meist leider schrecklich grausam.

Der Tempel Angkor Wat befindet sich in Kambodscha. Er wurde wahrscheinlich Anfang des 12. Jahrhunderts von dem Volk der Khmer erbaut. Angkor ist eine bedeutende archäologische Anlage in Südostasien. Der Tempel war dem hinduistischen Gott Vishnu geweiht und wurde später zu einem buddhistischen Tempel.

Der Kölner Dom ist mit 157,38 Metern Höhe nach dem Ulmer Münster das zweithöchste Kirchengebäude Europas sowie das dritthöchste der Welt. Köln hatte bereits einen Dom, sollte aber im 13. Jahrhundert einen neuen, größeren bekommen. Am 15. August 1248 wurde mit dem Bau begonnen. Nach 600 Jahren, im August 1848, war der Dom endlich fertig.

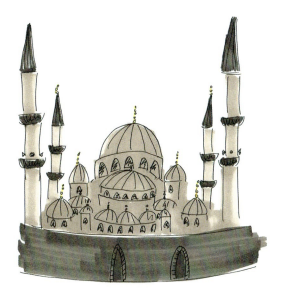

Die Süleymaniye-Moschee ist eine der großen Moscheen in Istanbul. Sie wurde im Auftrag von Sultan Süleyman dem Prächtigen in einer sehr kurzen Bauzeit zwischen den Jahren 1550 und 1557 erbaut.

## UNENDLICH SCHÖN

Islamische Moscheen sind mit Ornamenten geschmückt. Diese füllen große Flächen aus. Egal wie groß die Fläche ist, die Anordnung des Musters wiederholt sich niemals. Es entstehen unendlich viele neue Varianten. Forscher haben herausbekommen, mit welchen geometrischen Formen das funktioniert.

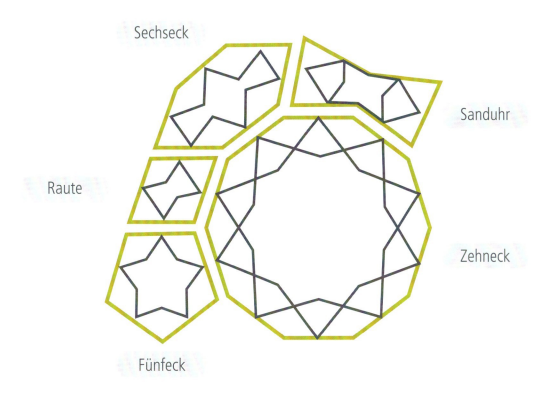

Sechseck
Sanduhr
Raute
Zehneck
Fünfeck

# ALLES NUR FASSADE

### Menschen haben immer wieder neue Formen für den Bau von Gebäuden entwickelt.

Das hat damit zu tun, dass neues Wissen und Techniken andere Bauweisen möglich gemacht haben. Es hat aber auch damit zu tun, was Menschen in einer Zeit als schön und richtig empfunden haben.

==Die Unterschiede werden in Baustilen beschrieben. An einigen wichtigen Merkmalen kannst du sehen, in welcher Zeit ein Gebäude erbaut wurde.==

## KLASSISCHE ANTIKE
### ca. 800 v. Chr.–600 n. Chr.

Im antiken Griechenland waren Säulen sehr beliebt. Mit ihnen wurden nicht nur die Gebäude begrenzt, sondern auch Gänge zwischen ihnen angelegt, sodass große Anlagen entstanden.
Mit **drei verschiedenen Säulenarten**, der **dorischen**, der **ionischen** oder der **korinthischen Säule**, wurde gebaut, je nachdem in welcher Region und welcher Zeit.

## BYZANTINISCH
### 400–1453 n. Chr.

In der byzantinischen Architektur waren nicht die Säulen, sondern die **Kuppeln** wichtig. Im 6. Jahrhundert entstand in Konstantinopel die **Hagia Sophia**. Sie war jahrhundertelang die größte Kirche der Welt und später Vorbild vieler Moscheen im Osmanischen Reich.

## ROMANIK
### 1000–1130 n. Chr.

Romanische Gebäude sind mit **dicken Mauern** gebaut und **wenig verziert**. Typisch sind die **Rundbögen** über Fenster und Türen. Manchmal wurden mehrere Fenster zusammengefasst und durch kleine Säulen unterteilt. Damit erscheint das Gebäude **zierlicher**. Der **Kaiserdom zu Speyer** wurde im 11. Jh. n. Chr. gebaut und ist die größte erhaltene romanische Kirche Europas.

## GOTIK
**1140–1550 n. Chr.**

Der **Kölner Dom** ist eine berühmte und typische gotische Kirche. Er ist sehr **hoch** und hat **Spitzbögen** anstelle von Rundbögen. Gotische Kirchen haben viel mehr Fenster als romanische Kirchen, ihre Fassaden wirken insgesamt viel **filigraner** und **luftiger**.

## BAROCK
**1575–1770 n. Chr.**

Barocke Gebäude sind reich verziert mit **Gold**, **Marmor** und **leuchtenden Farben**. Die Formen der Fassaden sind **schwingend**, rund und überhaupt nicht streng. Barock stammt von dem portugiesischen Wort barroco, mit dem „schiefe" und „ungleichmäßige" Perlen bezeichnet wurden. Barocke Kirchen wollten die Gläubigen durch den **Prunk** und die **Pracht** beeindrucken.

## JUGENDSTIL
**Ende 19. und Anfang 20. Jh.**

Im Jugendstil sollte die Gestaltung der Fassaden **keinen festen Regeln** mehr folgen. Statt der bisherigen Formen in der Architektur sollte alles neu und voller **Phantasie** sein. Wenn du Fassaden, Türen und Fenster mit verzweigten Ornamenten oder Motiven siehst, die aussehen, als wären es gewachsene Pflanzen, dann hast du bestimmt ein Haus aus dem Jugendstil vor dir.

Und jetzt bist du dran. Motz deine Möbel so auf, wie es dir gefällt!

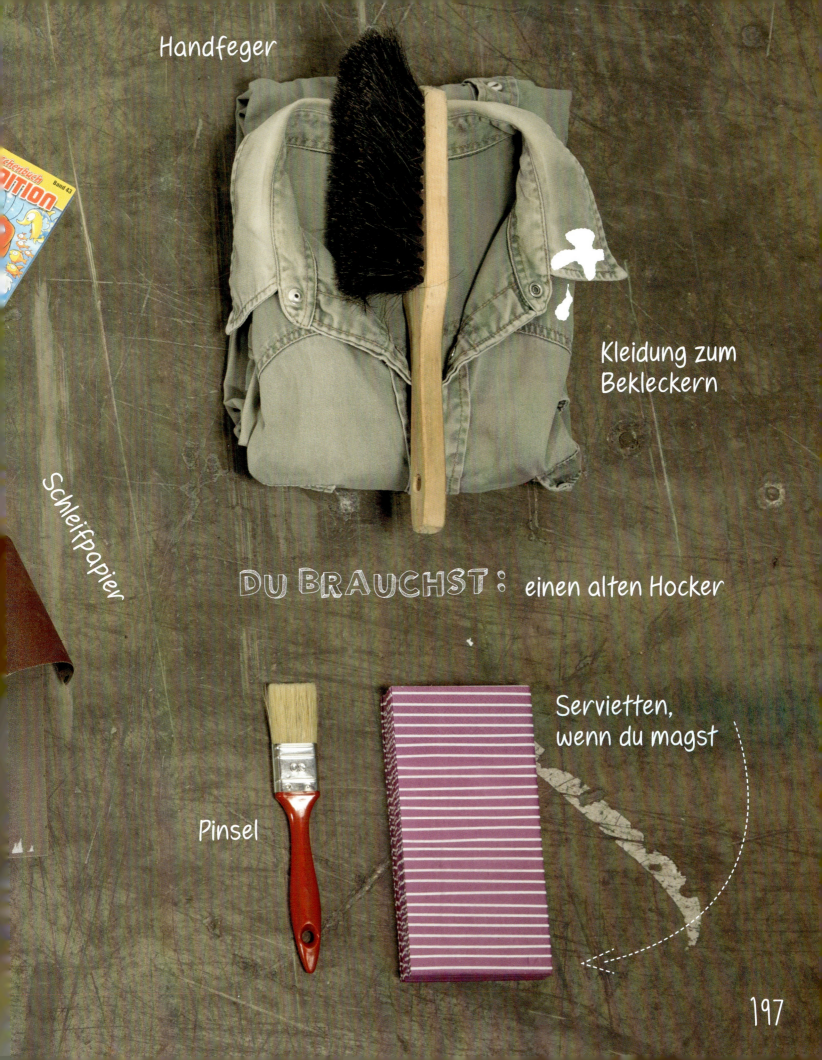

① Den Hocker mit dem Schleifpapier anrauen und ...

② ... mit dem Handfeger vom Staub befreien.

③ Gut mit Kleister einpinseln und ...

④ ... die Seiten aus dem Comic aufkleben. Wenn du den Hocker beklebt hast, streiche ihn nochmal mit Kleister ein.

Gut trocknen lassen und

# WAS DU NICHT SIEHST

Möchtest du auch manchmal unsichtbar sein? In vielen Geschichten und Sagen verstecken sich Menschen mit Hilfe von Tarnkappen oder unter Tarnmänteln. Harry Potter zum Beispiel kann sich so unbemerkt durch die Gänge seiner Schule schleichen. Wohin würdest du gehen, wenn du plötzlich unsichtbar sein könntest?

Forscher arbeiten schon lange an Tarnkappen und Tarnmänteln. Nun ist es tatsächlich Wissenschaftlern an der Universität von Rochester im US Bundesstaat New York gelungen, Licht durch verschiedene Linsen so umzulenken, dass eine Hand, die zwischen die Linsen gehalten wird, scheinbar verschwindet. Aber bis es tatsächlich so weit ist und wir uns einen Tarnumhang überwerfen können, bleibt uns nur die Möglichkeit, uns so gut wie die Köcherfliege zu tarnen… oder wie Geheimagenten. Hast du dich schon einmal mit Hut und Sonnenbrille verkleidet oder gar so gut wie der schlaue Agent Ginfiz bei Asterix?

Köcher sind eigentlich Behältnisse für Bogen-Pfeile. Der Nachwuchs der Köcherfliege, die Larven, wachsen in Röhren auf, die die gleiche Form haben und daher Köcher heißen. Sie werden aus kleinen herumliegenden Steinchen oder Schilfstückchen gebaut, die mit einem Sekret verklebt werden. Darin ist die wehrlose Larve gut versteckt.

Wieso muss ein Haus immer auffallen? Es ist doch auch schön, wenn ein Gebäude die Landschaft nicht stört und sich an die Umgebung anpasst. Dazu werden oft Materialien aus der direkten Umgebung verwendet. Die fallen am wenigsten auf. Und am besten gelingt es, wenn die Form sich auch in Landschaft einfügt – wie bei diesem Weingut in Baden.

# ICH HAB EIN HAUS

## Überall auf der Erde wird unterschiedlich gebaut.

In großen Städten ähneln sich die Häuser mittlerweile, aber in kleineren Orten oder auf dem Land gibt es noch viele ursprüngliche Häuser, die in die Landschaft passen. Achte einmal darauf, wenn du unterwegs bist, welche Bauweise für die Region üblich ist. Du wirst sehen, es hat viel damit zu tun, welche Materialien zur Verfügung stehen. Wie bei der Köcherfliege ...

Dort, wo es viel Wald gibt , also viel Holz zum Bauen, wie in Kanada oder den Rocky Mountains, entstehen die typischen Holzhäuser.

Auf den tropischen Inseln von Indonesien und den Philippinen werden Häuser aus Bambus gebaut. Diese Pflanze wächst dort in großen Bambuswäldern.

Dächer und Fassaden, die mit Schieferschindeln verkleidet sind, siehst du in Regionen, in denen große Schiefervorkommen im Boden zu finden sind, in Deutschland z. B. an der Mosel, im Hunsrück und in der Eifel.

Hoch in den Alpen, wo nicht mehr viele Bäume wachsen, entstehen die Häuser aus Stein und fallen manchmal in den Felsen fast nicht mehr auf.

Lehm und Gras ist in Kenia ausreichend vorhanden. Deshalb baut man dort oft Häuser mit Lehmwänden und Dächern aus Gras.

In der mongolischen Steppe leben die Nomaden in Jurten. Das Gerüst einer Jurte besteht aus Holz, das Dach aus einem Baumwolltuch und die Wände aus Yak-Wolle. Das Yak ist ein Ochse, der in Zentralasien lebt.

**Bau den Vögeln für den Winter ein Haus mit Baumaterial, das du im Wald und auf der Wiese findest.**

# DU BRAUCHST:

TANNENZAPFEN

kleine abgebrochene Äste

Gräser
Hölzer
etc. ...

2 Drahtkörbe

VIERKANTHOLZ

getrocknete Knöterichstangen

4 Plastiktöpfe

Rinde

Draht

getrocknete Mühlenbeckia

Zange

MOOS

① 

Schnapp dir die beiden Drahtkörbe und lege
TANNENZAPFEN,
GETROCKNETE KNÖTERICHSTANGEN, RINDE, GETROCKNETE MÜHLENBECKIA,
KLEINE ABGEBROCHENE ÄSTE, GRÄSER, HÖLZER
UND PLASTIKÜBERTÖPFE
in die beiden Hälften.

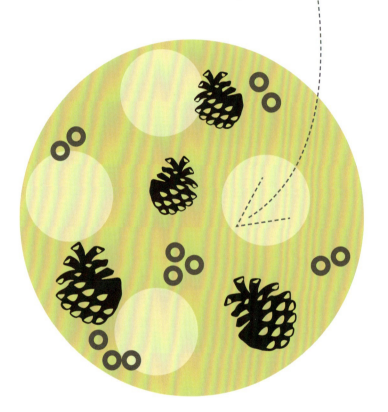

②

Die beiden Hälften mit Moos gut ausstopfen, aufeinanderlegen
und mit Draht gut zusammenbinden.
Das Vierkantholz in den Gartenboden rammen
und die Vogelhauskugel daraufstecken,
oder das Nest in eine Astgabel legen.

Außerdem erschienen in der Edition Klaus Tschira Stiftung:

Schlau gärtnern
ISBN: 978-3-86528-733-5
EUR 19,95 / EUR (A) 20,60

Schlau kochen
ISBN: 978-3-86528-608-6
EUR 24,90 / EUR (A) 25,60

## IMPRESSUM

© 2015 Neuer Umschau Buchverlag, Neustadt an der Weinstraße

Herausgeber Klaus Tschira Stiftung gGmbH, Heidelberg

**Klaus Tschira Stiftung gemeinnützige GmbH**  KTS

 Dieses Buch basiert auf der Idee der Ausstellung Architektierisch des Grazer Kindermuseums

Alle Rechte an der Verbreitung, auch durch Film, Funk, Fernsehen, fotomechanische Wiedergabe, Tonträger aller Art, auszugsweiser Nachdruck oder Einspeicherung und Rückgewinnung in Datenverarbeitungsanlagen aller Art, sind vorbehalten. Die Inhalte dieses Buches sind von Autorinnen und Verlag sorgfältig erwogen und geprüft, dennoch kann eine Garantie nicht übernommen werden. Eine Haftung von Autorinnen und Verlag für Personen-, Sach-, und Vermögensschäden ist ausgeschlossen.

### Konzeption
Kindermuseum Graz, Bettina Deutsch-Dabernig, Nikola Köhler-Kroath
Tina Defaux, Angela Thomaschik, Katrin Schacke

### Texte und Redaktion
Bettina Deutsch-Dabernig, Nikola Köhler-Kroath (Redaktion Kindermuseum Graz)
Mara Knapp, Renate Ries, Beate Spiegel (Redaktion Klaus Tschira Stiftung)
Tina Defaux, Angela Thomaschik (Redaktion Umschau Verlag)

### Illustrationen
Tina Defaux

### Fotografie
Carolin Wanitzek, Mannheim, www.carolinwanitzek.de

**mit Ausnahme von:**
S. 12: **Schnecke** © Thomas Tuchlitz – Fotolia.com
S. 13: **Containerhaus, Projekt „Ex-Container" (2011) in Tokio/Japan**;
Architekturbüro: Yasutaka Yoshimura Architects © Yasutaka Yoshimura Architects
S. 24: **Maulwurfshügel** © Glaser – Fotolia.com
S. 25: **Wohnungsgrundriss in 3-D-Ansicht** © Sven Lüttmann – Visual Arts,
S. 40: **Biberburg**; S. 56: **Bienenwaben**; S. 98: **Ameisenhügel**; S. 112: **Spinnennetz**; S. 128: **Termitenbau**;
S. 178: **Wespennest**; S. 190: **Nest Laubenvogel**; S. 202: **Köcher Köcherfliege** © Ingo Arndt
S. 62: **Tetra-Pak-Geldbeutel**; S.118/119: **Knoten**; S.120-125: **Hängematte**; S.135: **Katapult** © Tina Defaux
S. 41: **Theater- und Konzerthalle „Kilden Performing Arts Centre" in Kristiansand/Norwegen**;
Architekturbüro: ALA Architects © Photographer Tuomas Uusheimo
S. 57: **Forschungspavillon, Versuchsbau aus Holz des Instituts für
Computerbasiertes Entwerfen (ICD) und des Instituts für Tragkonstruktionen und
Konstruktives Entwerfen (ITKE) der Universität Stuttgart (2011) Stuttgart/Deutschland** © ICD/ITKE Universität Stuttgart
S. 76: **Schneehöhle, Westtatra/Slowakei, Polen** (hier lebt zwar kein Eisbär, aber das Foto passt so gut) © Pawel Kazmierczak/Shutterstock.com
S. 77: **Museumsgebäude des „Museu de Arte Contemporânea de Niterói (MAC)" in Niterói/Brasilien**;
Architekt: Oscar Niemeyer © Giancarlo Liguori / Shutterstock.com
S. 88: **Rauchschwalben**; S. 144: **Lachmöwen** © Klaus Wothe
S. 89: **Seminarhaus mit Lehmkuppel, Holzkonstruktion mit Lehmverputz innen in Peuerbach/Österreich** © FreeDOM – www.free-dom.at
S. 99: **Niedrigenergiehaus „Domespace" in Quimper/Frankreich; Design: Patrick Marsilli**
© DOMESPACE international – Design: P.MARSILLI – Photo: B.THOBY
S. 113: **Golden Gate Bridge in San Francisco/USA**; Chefingenieur:
Joseph Baermann Strauss © merten – clipdealer.com
S. 115: **Hängebrücke Qu'eswachaka in der Provinz Canas/Peru** © Marc Stauffer
S. 129: **Hotel „Burj al Arab" in Dubai/Vereinigte Arabische Emirate**; Architekt: Tom Wright © itlada / Shutterstock.com
S. 139: **Marshmallowturm** © Raura Reil
S. 145: **Hausboot in Kerala/Indien** © prn18_in / iStock.com
S. 156: **Orang Utans im Nationalpark Tanjung Putting/Borneo** © Shane Moore / Animals Animals
S. 157: **Baumhaus „Temple of the Blue Moon", Baumhaus-Hotel
in Fall City/USA**; gebaut von Peter Nelson © 2015 Peter Nelson
S. 179: **Papierhaus „PHZ2", Architektur-Projekt in Essen/Deutschland (2011)**;
Architekturbüro: Dratz&Dratz Architekten © Dratz&Dratz Architekten
S. 191: **Taj Mahal, Mausoleum in Agra/Indien; in Auftrag gegeben
vom Großmogul Shah Jahan** © Arena Photo UK – Fotolia.com
S. 203: **Weingut Franz Keller in Oberbergen/Deutschland**; Architekt: Michael Geis © Jörg Lehmann

### Unsere Models
Nele, Jule, Felix, Niklas, Jona und Elia

### Unterstützung
Herzlichen Dank an Christine Rubick und Laura Reil für die Unterstützung bei den Fotoshootings,
Chris Lüttmann für seinen tollen Garten und das gelungene Baumhaus-Projekt, die Druckerei NINO und die Firma Mobil für ihre Halle,
die wir als Fotostudio nutzen konnten, und Zimmerer- und Dachdeckermeister Christian Fecht für sein Fachwissen in Sachen Holz

### Gestaltung und Satz
Tina Defaux, Neustadt an der Weinstraße

### Reproduktion
Peter Blaschke, Laubach/Wetterfeld

### Druck und Verarbeitung
NINO Druck, Neustadt an der Weinstraße

Printed in Germany/ISBN: 978-3-86528-752-6

Besuchen Sie uns im Internet: www.umschau-buchverlag.de

# MACH MIT

beim tollen SCHLAU BAUEN–GEWINNSPIEL!
Mitmachen ist kinderleicht!

1. Bau ein Projekt aus „Schlau bauen" nach.
2. Mach ein Foto.
3. Schicke dein Foto per E-Mail an: schlau-bauen@umschau-buchverlag.de
oder per Post: Neuer Umschau Buchverlag GmbH, Eva Kohler, Moltkestr. 14, 67433 Neustadt/Weinstr.

## DAS KANNST DU GEWINNEN

Zwei Mal im Jahr (Juni & Dezember) verlosen wir je einen 8-teiligen Kinder-Werkzeugkasten von KIDS AT WORK by Corvus.

Im Wert von 70,00 Euro

Vier Mal im Jahr verlosen wir zusätzlich je ein Buchpaket aus der Edition Klaus Tschira Stiftung

Im Wert von 45,00 Euro

Das Foto deines Bauwerks kannst du einige Tage nach dem Versand an uns auch auf unserer Schlau bauen-Aktionswebsite www.umschau-verlag.de/schlau-bauen-gewinnspiel sehen.
Wenn dein Foto nicht veröffentlicht werden soll, gib uns bitte per Mail oder per Post an die genannten Adressen oder telefonisch unter 06321/877-833 Bescheid.

Die Gewinner werden per Post oder per E-Mail benachrichtigt und ebenfalls auf der Aktionswebsite veröffentlicht.
Teilnahmebedingungen: Die Preise werden unter allen bis 31.05.2018 eingegangenen Fotos verlost.
Die Barauszahlung der Gewinne ist nicht möglich, der Rechtsweg ist ausgeschlossen.

# PROJEKT-ÜBERSICHT

ab Seite 16
TIPI

ab Seite 30
MÖBEL FÜR DEIN ZIMMER

ab Seite 46
LEONARDO-BRÜCKE

ab Seite 59
MOBILE

Seite 62
GELDBEUTEL

ab Seite 64
GEOMETRISCHE REGALE

ab Seite 80
GEODÄTISCHE KUPPEL

ab Seite 92
LEHMZIEGEL

ab Seite 105
VENTILATOR

ab Seite 118
KNOTEN LERNEN

ab Seite 120
HÄNGEMATTE

Seite 135
KATAPULT

ab Seite 136
MARSHMALLOW-TURM

ab Seite 140
FLASCHENZUG

ab Seite 149
BOOTE

ab Seite 162
BAUMHAUS

Seite 181
STEIG DURCH EINE POSTKARTE

ab Seite 182
PARAVENT

ab Seite 196
AUFGEMOTZTE MÖBEL

ab Seite 206
VOGELHÄUSCHEN

# Auf einen Blick

Hier findest du kleine Materiallisten, die dir
bei der Vorbereitung der Mitmachprojekte helfen.
Viel Spaß beim Nachbauen!

## Mitmachprojekt ab Seite 16

### TIPI

Tücher, Stoffe
oder
alte Bettlaken
mindestens 5 Meter dünne Schnur
Schere
Schnürsenkel
6 Rundhölzer oder Bambusstangen
von ca. 1,6 Metern Länge

## Mitmachprojekt ab Seite 32

### HOCKER

einen Stapel Bücher
2 Spanngurten
1 Kissen

## Mitmachprojekt ab Seite 34

### TISCH

19 mit Leitungswasser
gefüllte gleichhohe PET-Flaschen
1 Holzplatte
(im Baumarkt gibt es oft Reste)
1 Spanngurt

## Mitmachprojekt ab Seite 36

### SOFA

3 oder 5 Paletten
(frag mal im Supermarkt)
mindestens 5 Meter Schnur
Schere
Kissen und Tücher,
um es dir gemütlich zu machen

HOCKER | TIPI

SOFA | TISCH

## Mitmachprojekt ab Seite 46

### LEONARDO-BRÜCKE

Holzstäbchen
für die kleine Brücke

Kurze und lange
Holzleisten für die große Brücke

## Mitmachprojekt ab Seite 64 und 68

### GEOMETRISCHE REGALE

Pappröhren (frag in einem Architekturbüro, die benutzen oft Pappröhren)
Schnürsenkel, Säge, Bleistift
rechteckige Kartons
(frag im Supermarkt nach Bananenkartons)
Kleister, Pinsel und Tapete
10 Meter Schnur

## Mitmachprojekt ab Seite 80

### GEODÄTISCHE KUPPEL

alte Zeitungen
Klebeband, in 2 verschiedenen Farben
Musterbeutelklammern
Zollstock
Schere
Locher

## Mitmachprojekt ab Seite 92

### LEHMZIEGEL

1 Stück Holz mit gerader Kante
leere rechteckige Eisbecher
oder
andere rechteckige Formen
1 großen Topf Lehm

| GEOMETRISCHE REGALE | LEONARDO-BRÜCKE |
| --- | --- |
| LEHMZIEGEL | GEODÄTISCHE KUPPEL |

## Mitmachprojekt ab Seite 105

### VENTILATOR

Korken
Musterbeutelklammern
kleiner Motor 1,5–3V Gleichspannung
kleine Solarzelle
mit 2 Kabeln und Krokoklemmen
(kann man bereits zusammen kaufen)
dünnes, quadratisches Stück Papier
Schere

## Mitmachprojekt ab Seite 120

### HÄNGEMATTE

2 dicke Seile
mit jeweils 3 Metern Länge
55 Meter dünnes Seil
2 dicke Holzstäbe,
mind. 1 Meter lang
Zollstock
Schere

## Mitmachprojekt Seite 135 und ab 136

### KATAPULT

9 Holzspatel, 6 Gummiringe,
1 Flaschendeckel, Zielscheiben, Papier,
Klebeband, Schere, 3 Schüsseln

### MARSHMALLOW-TURM

Marshmallows,
bunte Trinkhalme, Schere

## Mitmachprojekt ab Seite 140

### FLASCHENZUG

15 Meter dicke Schnur
oder
dünnes Seil
2 ca. 40 cm lange Holzstücke
8 Ringösen

## HÄNGEMATTE

## VENTILATOR

## FLASCHENZUG

## KATAPULT

## MARSHMALLOW-TURM

## Mitmachprojekt ab Seite 149

### BOOTE

Reste von Verpackungen
(zum Beispiel aus Styropor)
Holzreste
Joghurtbecher
leere Plastikflaschen
und vieles mehr,
was rumliegt und dir gefällt

Außerdem
buntes Klebeband oder Maskingtape
Gummis
Schnüre
Heftzwecken
Nägel (und einen Hammer)
Leim
Zahnstocher

Und noch
buntes Papier
Aufkleber
Farbe
Trinkhalme
oder was dir noch einfällt,
damit dein Boot toll aussieht

## Mitmachprojekt ab Seite 162

### BAUMHAUS

4 Leisten: 58 x 58 x 600 mm
2 Bretter: 40 x 200 x 1500 mm
2 Bretter: 40 x 200 x 1500 mm
2 Bretter: 23 x 140 x 1546 mm
9 Bretter: 23 x 140 x 1500 mm
2 Bretter: 23 x 140 x 1500 mm
2 Leisten: 30 x 50 x 1560 mm
2 Leisten: 30 x 50 x 1500 mm
4 Leisten: 30 x 50 x 1384 mm
8 Sechskantholzschrauben 12 x 160 mm
8 Unterlegscheiben 12,5 mm
16 Universalschrauben 10 x 90 mm
100 Universalschrauben 5 x 70 mm
100 Universalschrauben 4 x 45 mm
Bleistift
Zollstock
Winkel
Säge
Stemmeisen
Schleifpapier
Nägel und Hammer
Zange
Akkuschrauber mit Aufsätzen
Schrauben

BAUMHAUS

BOOTE

Mitmachprojekt ab Seite 182

## PARAVENT

alte Tapeten
Locher
6-8 Paar Schnürsenkel
4 lange Vierkanthölzer
4 kurze Vierkanthölzer
8 lange Schrauben
8 Winkel mit Schrauben
Klebe-, Isolierband
Schraubendreher
Mini-Schraubendreher

Mitmachprojekt ab Seite 196

## AUFGEMOTZTE MÖBEL

Stuhl oder Hocker
Comics
oder
bunte Servietten
Pinsel
Kleister
Schleifpapier
Handfeger

Mitmachprojekt ab Seite 206

## VOGELHAUS

Drahtkörbe
1 Vierkantholz
Zange
Draht
Plastikpflanztöpfchen
getrocknete Knöterichstangen
getrocknete Mühlenbeckia
Gräser, Hölzer, Äste, Tannenzapfen,
Baumrinde, Moos … und was du sonst
noch im Wald auf dem Boden findest

**AUFGEMOTZTE MÖBEL**

**PARAVENT**

**VOGELHAUS**

Schneide die Nummernzielscheiben für das Katapult auf Seite 135 aus oder kopiere sie.